IL REIKI

I canali dell'energia universale

Flavio Cidonio, laureato in ingegneria nucleare, ha svolto per parecchi anni tale professione. Ha praticato lo yoga, è Master Reiki, cristalloterapeuta, rebirther e counselor.
Enrica Pazi, laureata in discipline umanistiche, è da molti anni astrologa, ha praticato yoga, è Master Reiki, cristalloterapeuta e floriterapeuta.

Dedicato a Flavia

In copertna: *Terapia Reiki.*
Per gentile concessione di Francesca Drago.

Disegni di Valeria Gasparrini

Xenia Edizioni
Via Carducci 31 – 20123 Milano

PRESENTAZIONE

In un momento storico così importante come quello che contraddistingue la fine di questo secondo millennio, un altro libro sul Reiki. Ci si può chiedere cos'altro si può dire di nuovo su questo sistema di cura naturale, che non sia mai stato detto.

Certamente molta acqua è passata sotto i ponti da quando Mikao Usui, il monaco giapponese, nell'Ottocento ha riportato alla luce il Reiki, molte cose sono cambiate, soprattutto per ciò che riguarda la preparazione dei Master preposti a trasmetterlo. La selettività dei tre Grandi Maestri di Reiki oggi non esiste più, per cui il Reiki sta attraversando un momento di grande confusione, come tutto ciò che rende particolare questo passaggio di Era. È proprio l'Uomo Nuovo, quello dell'Età dell'Acquario, che in questo momento si deve impegnare maggiormente per trasmettere i valori di questa Nuova Era.

Ecco cosa può dire di nuovo un altro libro sul Reiki: trasmettere questo sistema di cura naturale chiamato Reiki da Mikao Usui, nella sua forma più semplice e naturale. Infatti l'autore, pur trattando altri sistemi di terapie che ben si sposano con il Reiki, si distingue per l'onestà e la serietà con cui affronta gli argomenti trattati. Reiki è uno dei sistemi che l'uomo ha attualmente a disposizione per affrontare meglio questo momento così ricco da un punto di vista energetico, ma nello stesso tempo così difficile per chi non riesce a fluire con la sua energia.

Reiki è un'Energia d'Amore che vi aiuterà a superare le vostre difficoltà, ma è anche l'«ascensore» che può rendere meno faticosa la vostra ascesa evolutiva. Consiglio a quanti si accosteranno al Reiki di tenere alti i valori della Nuova Era: Fratellanza, Amore, Compassione, diffondendoli senza lesinarli mai.

Un grosso abbraccio di Luce a tutti i lettori.

Francesca Drago

PREMESSA

Vogliamo iniziare questo libro nello stesso modo in cui cominciamo i nostri seminari di Reiki, partendo dal seguente «racconto» inciso su un antico portale di una chiesa umbra.

«Mentre camminava da solo lungo la spiaggia vedeva due impronte, una sua, l'altra di Dio.

«Durante un momento di depressione e di tristezza profonda vide solo un'impronta. Pensando di essere stato lasciato solo, cominciò a disperarsi e a chiedersi perché mai Dio lo avesse abbandonato.

«L'Infinito gli rispose: "Non ti abbandonerei mai. Quando vedi un'impronta sola vuol dire che ti sto portando in braccio"».

Un grande ringraziamento a Francesca Drago, che ci ha sempre incoraggiato e alla quale ci sentiamo particolarmente legati da un rapporto di amicizia, stima e di amore.

Ringraziamo anche nostra figlia per la sua pazienza: pur essendo piccola (ha 4 anni), ha sopportato bene la nostra assenza/presenza durante la stesura di questo libro.

Un grazie a tutte le persone che hanno partecipato ai nostri seminari e alle nostre serate di scambio Reiki.

Parte prima

Le aure e i chakra

Capitolo 1

I QUATTRO TIPI DI AURA

Parlare di Aura al singolare è generalizzare in quanto non esiste attorno al corpo fisico una sola Aura ma più Auree che si compenetrano. Ma che cos'è l'Aura? Iniziamo con il dire che l'Aura è la radianza luminosa che avvolge un corpo e che tutto in natura, oltre agli esseri umani, ha un'Aura: animali, piante, rocce, montagne, cristalli eccetera.

Le Auree sono le emanazioni dei corpi sottili.

Vedere l'Aura è possibile: sono molte le persone che hanno la capacità di vederla e la vedono persino alcuni bambini, anche molto piccoli, che però non vengono presi in considerazione dagli adulti che scorgono nei loro discorsi solo invenzioni e fantasticherie. Già nell'iconografia cristiana l'uso della rappresentazione dell'aureola sulla testa del Cristo e dei santi non è altro che la sintesi dell'Aura. Infatti le primissime rappresentazioni cristiane non si limitavano a contornare solo il capo ma l'intero corpo. L'Aura è il contorno che emaniamo attorno al corpo fisico (Fig. 1) e che assume diverse colorazioni a seconda del nostro stato d'animo. Come abbiamo detto, non esiste una sola Aura ma possiamo contarne per lo meno quattro: eterica, astrale, mentale e causale.

L'**Aura eterica** è quella immediatamente a contatto con il corpo fisico e di solito è quella più visibile. È di colorazione generalmente grigia o azzurrina e dista all'incirca da uno a tre centimetri dal contorno corporeo. È l'Aura che ci indica il tenore di vitalità fisica ed energetica del nostro organismo. Infatti di solito un'Aura eterica di basso spessore e con una colorazione plumbea e opaca è indice di scarsa vitalità ed energia.

L'**Aura astrale** riflette il comportamento emotivo, affettivo,

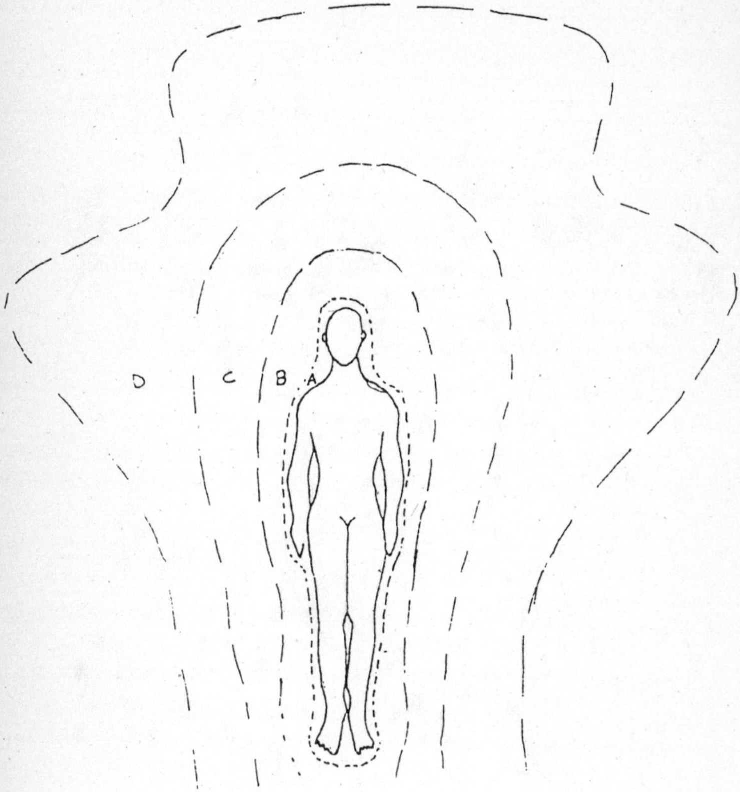

Fig. 1

A. Aura eterica – B. Aura astrale o emozionale – C. Aura mentale – D. Aura Causale.

sentimentale e umorale dell'individuo. Solitamente è visibile a fasce orizzontali che cambiano gradazione tonale e colore. La differente colorazione sottintende i diversi stati d'animo nei quali ci si trova a vivere. In questa porzione, che si estende per circa un metro o un metro e mezzo dal contorno fisico e che avvolge tutto, compresa l'Aura eterica, ci sono vibrazioni filanti, scie, a volte piccoli lampi che accompagnano le nostre emozioni.

L'esuberanza del colore rosso intenso denota un animo molto attivo ma facilmente propenso a sbalzi d'umore e a disperdere la propria energia, rendendo l'individuo stanco, sfibrato e spossato. Soprattutto gli attacchi d'ira portano un individuo ad avere soprattutto una colorazione rossa ai lati della testa e della prima parte del busto.

Le gradazioni del blu e dell'azzurro denotano persone gradevoli e portate all'interiorizzazione, che a volte possono eccedere in una certa chiusura dovuta forse a una eccessiva timidezza. In altri casi, quando il blu assume una colorazione molto intensa soprattutto nella parte superiore del corpo, è segno che l'individuo sta lavorando intensamente su se stesso interiorizzandosi e concentrandosi.

Il giallo sottolinea il prevalere dello stato mentale del soggetto su quello emozionale. Se si riuscisse a vedere l'Aura astrale di coloro che stanno sostenendo un esame si vedrebbe bene tale colore.

Il verde è un colore di apertura del proprio animo agli altri, così come l'arancione è il segno delle persone leali, attive e generose che sono animate dalla volontà di fare del bene.

La presenza di grigio è indice di tristezza, mentre il colore rosa è indice di spensieratezza.

Quando si formano antipatie e simpatie, che paiono nascere dalla razionalità degli avvenimenti, sono in realtà le nostre Auree che, compenetrandosi, si attraggono o si respingono. I contatti, le percezioni avvengono al di là del contatto fisico, sui cosiddetti «piani sottili». Ecco spiegate le simpatie a prima vista, i colpi di fulmine, le scelte fatte senza una spiegazione logica e razionale ma solamente dettate da un impulso o da un «certo sesto senso». Quando si riescono a vedere le Auree astrali di due persone che si amano si nota l'armonia che le pervade e le tinteggiature pastello che si fondono.

L'**Aura mentale** avvolge le precedenti e si espande, partendo dal contorno fisico, per un metro e ottanta o due metri. Ha i contorni che non corrispondono o, per meglio dire, che non delineano il corpo fisico come avviene nelle Auree precedenti, ma ha l'aspetto di involucro che molto spesso assume grandi proporzioni in corrispondenza della testa. Il contorno dell'Aura mentale è molto particolare poiché vi si vedono protuberanze che nascono: sono i pensieri. Ogni pensiero, anzi ogni forma-pensiero, quando viene emessa dall'essere umano assume una forma che si incammina attraverso le altre Auree arrivando all'Aura mentale. Queste forme-pensiero a volte inquinano o a volte purificano le Auree degli individui, a seconda della natura dei pensieri che emettono. Ed è per questo che pensare positivamente, quindi emettere pensieri d'amore, richiama e attira amore, mentre pensieri d'odio e d'invidia richiamano o attirano solo sentimenti e situazioni negative.

Tali forme-pensiero a volte resteranno nel guscio aurico, mentre altre se ne andranno per l'Universo o verso la Luce o verso l'Ombra a seconda della vibrazione che emetteranno. Molto spesso le idee fisse e i pensieri negativi ricorrenti dai quali non ci si può staccare sono quelli che si interiorizzano e che non ci fanno progredire poiché si fissano all'interno e densificano le nostre Auree. Quante emicranie si creano in tal modo! Ma soprattutto quante altre densificazioni di energia stagnante che si formano in seguito alla negatività che emettiamo e che, rimanendo su di noi, scatenano in malattie di ogni genere!

Le forme-pensiero d'Amore o di allegria o anche semplicemente la preghiera (chiaramente dettata dal cuore e non la semplice formula che si recita per abitudine) oppure la meditazione, purificano l'Aura, facendo beneficiare di tale situazione positiva anche l'ambiente circostante.

L'**Aura causale** è visibile come un trapezio rovesciato sulla testa e può estendersi oltre due o tre metri. È quella parte di Aura che racchiude il nostro passato, da dove proveniamo e dove ci siano prefissati d'arrivare.

Di grande interesse è anche vedere le diverse densità, opacità o colorazioni anomale che si possono intravedere in corrispondenza di alcuni organi del nostro corpo. Questo formarsi di un qualcosa, che chiameremo semplicemente «anomalia», su alcune parti del corpo si collega all'origine delle malattie. L'insorgere di una malattia, in realtà, non è mai repentino e crudele come sembra, in quanto prima di manifestarsi sul piano fisico l'anomalia, dalla quale scaturisce la malattia, si è formata sugli altri piani sottili e l'insorgenza sul piano fisico non è solo che l'ultima manifestazione.

Nel nostro corpo fisico e nei corpi sottili che si sovrappongono a esso esiste tutta una serie di canali che si irradiano nell'organismo proprio come fosse una circolazione sanguigna (Fig. 2). È in questi canali, non percepibili dai normali centri fisici, che circola la forza pranica. Nel corpo umano compaiono migliaia e migliaia di Nadi e il punto d'incontro delle Nadi principali sono i Chakra, parola che in sanscrito significa «ruota» o «disco».

Sono 14 le principali Nadi, dalle quali si diramano gli altri condotti periferici e hanno tutte origine in un punto che è situato nella zona del coccige in corrispondenza della congiunzione della Nadi principale Sushumna con il primo chakra.

Le tre Nadi più importanti sono: Sushumna, Ida e Pingala (Fig. 3). Sushumna è comunque considerato il condotto supersottile più importante e corrisponde anatomicamente al midollo spinale. È la Sushumna che connette i sette Chakra principali.

All'interno di questa Nadi scorre l'energia cosmica Kundalini (dal sanscrito *kundala,* che vuol dire «avvolto»). La tradizione hindu dice che la dea Kundalini, risvegliandosi chakra dopo chakra, dal basso verso l'alto rendeva il soggetto illuminato.

La nadi Ida è collocata sul lato sinistro; al suo interno scorre l'energia statica lunare corrispondente alla narice sinistra.

La nadi Pingala è invece collocata sul lato destro e nel suo interno scorre l'energia solare positiva corrispondente alla narice destra.

L'antico disegno del Caduceo (composto da due serpenti che si attorcigliano intorno a un palo verticale, simbolo di Esculapio, l'antico dio della mitologia greca) ben rappresenta questa forma. Secondo la cultura hindu esiste una nadi esterna che, partendo dal chakra del cuore, formerebbe un percorso a spirale che collega un chakra con l'altro: il 4° al 3°, il 5° al 2°, il 6° al 1° e infine al chakra della corona, cioè il 7°, il cui compito sarebbe di trasmutare le energie basse del I Chakra verso livelli più elevati (Fig. 4).

Nelle palme delle mani e nelle piante dei piedi ci sono le terminazioni di tutte le Nadi esistenti nell'organismo umano. Questo era ben noto alle culture orientali che da sempre hanno praticato l'agopuntura, la riflessologia, la digitopressione, tecni-

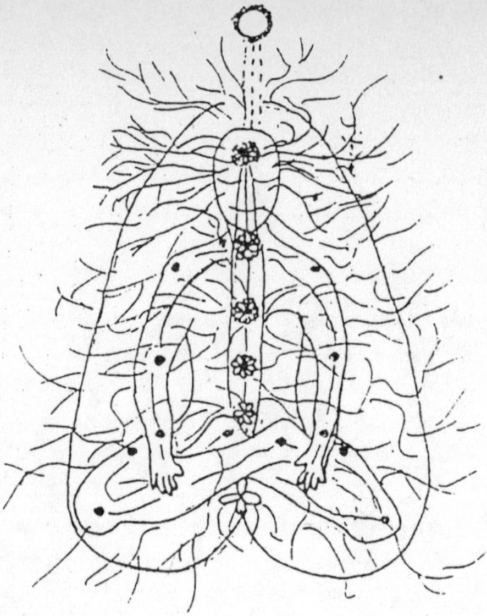

Fig. 2 – Rappresentazioni delle Nadi.

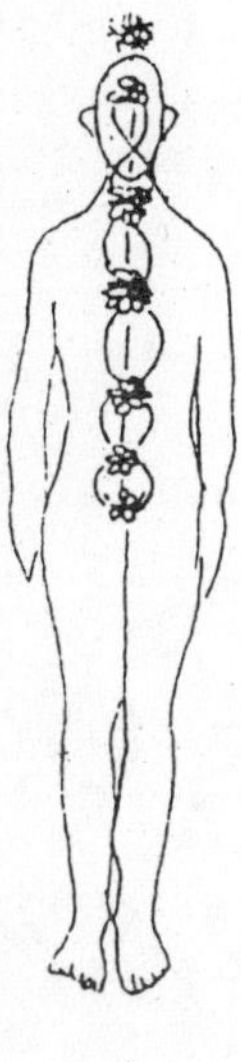

Fig. 3

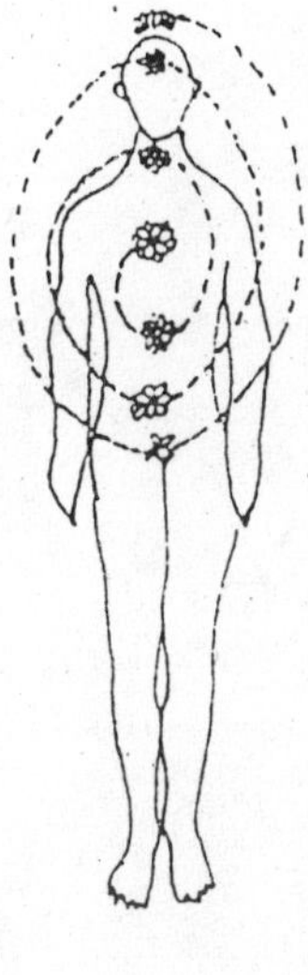

Fig. 4

che che stimolavano i punti riflessi sulle estremità. Ecco perché il movimento manuale oppure una passeggiata a piedi scalzi sull'erba o sulla sabbia o lo stare semplicemente scalzi favorisce lo scambio energetico e stimola la circolazione di tutte le Nadi. Da ciò si può dedurre come alcuni tipi di lavori manuali come il lavoro nei campi, seppur considerati lavori pesanti, siano senz'altro più stimolanti o per meglio dire più benefici rispetto ai lavori sedentari che ormai coinvolgono quasi tutti.

La tradizione orientale prevede anche che le terminazioni delle Nadi affiorino all'interno dell'iride dell'occhio e sul padiglione auricolare. La moderna iridologia (un campo d'indagine della naturopatia) si basa sullo studio delle anomalie (di macchie o striature) che compaiono su certe zone corrispondenti a un determinato organo o punto fisiologico del corpo umano. La parte alta dell'iride corrisponde alla parte superiore del corpo umano, mentre la parte bassa alla parte inferiore.

Anche il padiglione auricolare presenta corrispondenze con le parti fisiologiche del corpo umano e da questo particolare studio è nata la moderna auricoloterapia. Già l'agopuntura cinese ha fatto largo uso della stimolazione di alcune parti del padiglione auricolare per poter regolare il flusso energetico, in eccesso o in difetto, legato a un determinato organo fisiologico. Ad esempio, l'uso dell'orecchino in India come anche in altri paesi orientali non è nato per vezzo, come invece ormai è d'uso in Occidente, ma è nato per poter stimolare una parte corrispondente a un determinato organo, per arrivare a risolvere un certo tipo di squilibrio. Osservando la figura dell'orecchio si vedrà che alla parte inferiore corrispondono gli organi del corpo fisico superiori e viceversa. In effetti la figura del padiglione auricolare richiama quella di un feto rovesciato.

I CHAKRA

Dai punti d'incontro delle Nadi principali si sviluppano i chakra, che sono centri di forza vitale, veri e propri serbatoi d'energia, dove avvengono gli scambi energetici.

Oltre i sette chakra principali nel nostro corpo ci sono tanti altri chakra e che la tradizione hindu ne conta fino a 145.

I chakra minori sono 117, mentre i chakra medi sono 21: ognuno è collocato in corrispondenza delle maggiori articolazioni o anche in corrispondenza di ghiandole o dei plessi secondari. I chakra maggiori (partendo dal basso verso l'alto) sono 7: Muladhara, Svadhisthana, Manipura, Anahata, Vishuddha, Trikuti e Sahasrara. I chakra vengono anche paragonati al fior di loto, fiori sacri in India, i cui petali ne simboleggiano l'apertura. Infatti, come il fiore, anche i chakra hanno i loro petali che variano (il 1° ne ha quattro mentre l'ultimo, il 7°, ne ha mille).

Questi vortici d'energia sono in continuo movimento circolatorio: il vuoto, o la cavità, che si forma al centro ha la capacità, a livello vibrazionale, di attirare, respingere o rielaborare. Ma ciò che vuol dire? Ciò sta a significare che i nostri Chakra sono il riflesso della nostra coscienza, del nostro pensiero e delle nostre azioni. Il nostro modo di agire riflette il nostro modo di sentire e da ciò si deduce il tipo di energia che un chakra attrae verso se stesso dal mondo esterno.

Alcune tradizioni orientali vedono i chakra come dischi a effetto boomerang e ciò è spiegabile nel nostro coinvolgimento in situazioni che nel vivere quotidiano si perpetuano e nelle quali ricadiamo senza rendercene conto. È facile rimanere vittime dell'auto-perpetuazione di uno schema di un chakra che, se consiste in una circostanza positiva, porta a una crescita personale, ma se si basa su categorie ripetitive e regressive arriva a un blocco energetico. Tutto ciò è chiaramente legato alle lezioni karmiche che nella nostra vita dobbiamo imparare per portare la nostra coscienza a un livello superiore di evoluzione.

Perciò nel nostro vivere quotidiano, quando ricadiamo in ricorrenti situazioni sentimentali, familiari o lavorative e non capiamo il perché capitino sempre a noi, dovremo andare al di là delle nostre sfortune e riflettere che forse dobbiamo ripetere alcune «prove». L'evoluzione personale consiste nel far salire l'energia vitale attraverso la «pulizia» dei chakra legati a precise situazioni esterne. I sette chakra rappresentano i sette livelli fondamentali di coscienza:

- il primo chakra è legato alla sopravvivenza;
- il secondo chakra è legato alle emozioni e alla sessualità;
- il terzo chakra è legato alle espressioni del potere;
- il quarto chakra è legato all'espressione dell'Amore;
- il quinto chakra è legato alla comunicazione e alla creatività;

- il sesto chakra è legato all'intuizione;
- il settimo chakra è legato alla conoscenza.

Primo chakra

Nome: Muladhara (dal sanscrito *mula*, «radice» e *adhara*, «base»)
Collocazione: nella regione del perineo (tra l'organo genitale e lo sfintere anale)
Ghiandola: surrenali
Elemento: Terra
Colore: rosso.

Il primo chakra è il centro energetico che corrisponde alle basi della persona. Le parti del corpo corrispondenti a tale punto sono: i piedi, le gambe, le ossa, l'intestino (ultimo tratto).

Tale punto ci fa entrare in rapporto con il nostro corpo fisico, con l'accettazione, con la vitalità interiore, con la voglia di sopravvivere. Quando il senso di accettare le nostre radici viene meno entra in crisi il rapporto che noi abbiamo con la materia. È da tale squilibrio che si arriva agli eccessi: a una voglia smodata di cibo o, al contrario, a un odio verso questo con problemi di obesità o di anoressia. I sintomi di un blocco al primo chakra sono anche mancanza di voglia di vivere, autodistruzione, cercare di non prendersi le proprie responsabilità sia verso se stessi sia verso gli altri, uno scarso attaccamento alle cose, mancata oculatezza nello spendere, non saper valutare le cose. Una mancanza di equilibrio si ha anche quando si è troppo attaccati alle cose terrene, al cibo o al denaro.

Patologie: obesità, anoressia nervosa, bulimia, emorroidi, stitichezza, sciatica, artrite, problemi alle ginocchia.

Secondo chakra

Nome: Svadhisthana (dal sanscrito «dolcezza»)
Collocazione: parte inferiore del ventre
Ghiandola: ovaie o testicoli
Elemento: Acqua
Colore: arancione.

Le parti del corpo corrispondenti sono: ventre, genitali, reni e vescica.

Questo centro energetico si identifica con il principio del piacere.

Quando però la ricerca della sessualità diventa lussuria, che sfocia in ricerca del sesso secondo istinti brutali e fini a se stessi allora si crea un grande squilibrio. Ma anche quando esiste una grande riluttanza a concedersi al piacere, con repressione e uso eccessivo del rigore morale, con una rinuncia alla vita sessuale intesa e vissuta come senso del peccato, esiste, anche in questo caso, un grande squilibrio.

Il vero equilibrio si trova nella giusta sessualità che, vissuta insieme all'affetto, portano a una evoluzione interiore.

Patologie: impotenza, frigidità, problemi all'apparato uro-genitale, problemi alle vertebre lombo-sacrali.

Terzo chakra

Nome:	Manipura (dal sanscrito «gemma rilucente»)
Collocazione:	tra l'ombelico e il plesso solare
Ghiandola:	pancreas
Elemento:	Fuoco
Colore:	giallo.

Le parti del corpo corrispondenti sono: il sistema digestivo e i muscoli. Con il terzo chakra l'individuo entra in rapporto con il potere. Non bisogna fraintendere il potere, insito nel livello di coscienza di questo centro energetico, con il freddo controllo e il severo predominio cui quasi tutti ambiscono. Questa è una visione peggiorativa del potere, che è invece dare e ricevere calore. L'equilibrio di tale manifestazione è la giusta fiducia che si acquista con il potere interiore. Lo squilibrio avviene quando la paura porta all'autocritica, alla rabbia, al continuo bisogno di approvazione degli altri, al desiderio smodato di sottomettere per non farsi sottomettere. Si intende la vita come una continua lotta nella quale il traguardo più importante è vincere. Vincere su cosa? Su tutto, l'importante è uscire vincenti da qualsiasi situazione mediante l'esercizio del potere che in un certo contesto si coniuga soltanto con il verbo sopraffare, sottomettere.

La combustione, il fuoco che è l'elemento trainante di questo chakra si estrinseca con l'alimentazione, con il nutrimento e la successiva digestione, che rappresenta l'assimilazione del mondo esterno, e quindi (se non vi sono alterazioni in questo processo) con il giusto sviluppo dell'energia. Gli squilibri che riflettono un problema di coscienza nella manifestazione del potere portano ad avere notevoli disturbi agli organi corrispondenti a questo chakra: sono proprio quei generi di malattie che colpiscono una grandissima parte di individui.

Patologie: ulcera, diabete, cirrosi, calcolosi biliare, epatite, colite, insufficienza epatica.

Quarto chakra

Nome: Anahata (dal sanscrito «non colpito»)
Collocazione: cuore
Ghiandola: timo
Elemento: Aria
Colore: verde/rosa.

Le parti del corpo corrispondenti sono cuore, polmoni, braccia e mani. Dopo i chakra terreni (i primi tre sono legati al nostro corpo fisico), si arriva al quarto che rappresenta il punto centrale. Passando dal terzo chakra che era la manifestazione dell'agire e del potere, nel quale dominava l'elemento Fuoco, si passa a un chakra dominato dall'elemento Aria, il cui compito primario è di equilibrare i chakra superiori che sono di natura spirituale con i chakra inferiori, di natura fisica. Questo punto rappresenta il centro energetico dell'Amore e dell'Equilibrio. L'amore non è più inteso come ricerca dell'oggetto del desiderio, come veniva estrinsecato nel secondo chakra; qui l'amore non ha più bisogni o desideri poiché essi sono già passati e realizzati attraverso l'azione del chakra precedente. Qui l'amore cui si tende è visto come una qualità irradiante che porta all'armonia. L'equilibrio, che è un elemento fondamentale, deve essere mantenuto attraverso la trascendenza dell'ego che ci permette di esprimere il vero amore non vissuto in senso egoistico ma vissuto come superamento dei nostri limiti egoici verso una fusione armonica con il mondo circostante. L'amore è quindi inteso come fusione e anche come accettazione (non a caso molti luoghi comuni hanno come oggetto proprio il cuore e la capacità di apertura della persona attraverso l'apertura del cuore inteso come animo); ma in una visione anche più semplicistica viene inteso come affettuosità, coccole, carezze, sentimenti e azioni di affettività. È chiaro che un blocco in questo centro energetico porta un individuo all'egoismo, a centellinare il proprio amore, alla mancanza di affettuosità, che vengono viste solo come smancerie, all'intolleranza verso gli altri, alla difficoltà di accettazione dei propri simili, alla scarsa cordialità con scarsa apertura nei rapporti umani.

Patologie: malattie cardio-vascolari, ipertensione, malattie polmonari, asma.

Quinto chakra

Nome: Visuddha (dal sanscrito «purificazione»)
Collocazione: gola

Ghiandola: tiroide, paratiroide
Elemento: Etere
Colore: azzurro brillante.

Parti del corpo corrispondenti: tonsille, faringe, laringe, orecchio, denti, gengive, collo, spalle.

L'elemento di questo centro energetico è il suono. La persona con un quinto chakra aperto è colui che è consapevole del mondo circostante a un certo livello di «vibrazioni» sonore, di ritmicità, quindi di parole, di linguaggio, di ascolto e di comunicazioni che si sentono a livello più intimo e non soltanto attraverso la vibrazione del suono. Tutto questo è il quinto chakra, che è senz'altro un livello molto importante per l'epoca attuale che vive con la comunicazione, i mass media, i giornali, l'informazione. Ascoltare è l'altra faccia della comunicazione; il silenzio e l'ascolto portano l'animo a sviluppare e a espandere la propria coscienza. Con un quinto chakra ben equilibrato la comunicazione avviene anche oltre il tempo e lo spazio e oltre i nostri cinque sensi: avviene telepaticamente sentendo la mente dell'altra persona. Dall'essenza della comunicazione si arriva alla creatività, che è il più alto stadio di questo centro energetico, poiché, lasciando spazio all'immaginazione, ci avviciniamo ai piani più astratti della coscienza e diventiamo canali di informazione spirituale, comunicando con un linguaggio più universale di quello verbale e liberando il nostro potenziale interiore. Il processo creativo è essenziale nel nostro futuro evolutivo.

Patologie: mal di gola, raffreddori, problemi di tiroide, problemi all'udito, torcicollo e problemi di collo rigido.

Sesto chakra

Nome: Ajña (dal sanscrito «percepire»)
Ghiandola: epifisi
Collocazione: alla radice del naso, quasi all'altezza del punto mediano tra i due occhi
Elemento: Luce
Colore: indaco.

Parti del corpo corrispondenti: occhi, naso, cervello.

Il sesto chakra è associato al terzo occhio, anche se non è sinonimo di questo. Il terzo occhio è lo strumento psichico di questo chakra che ci permette di avere una migliore comprensione delle cose. Questo è il centro energetico della vista fisica ma anche della visione dell'invisibile, cioè della visione appartenente ai chiaroveggenti. In realtà la chiaroveggenza non è appannaggio di pochi, ma è un semplice processo volontario di visualizzare, che a volte trascende il tempo, apportando visioni riguardanti il passato, il presente e anche il futuro. Per aiutare la mente a «vedere» occorre fare il vuoto mentale, avere una certa apertura d'animo e iniziare a sentire quelle piccole percezioni di cui di solito non ci accorgiamo. La scarsa apertura del sesto chakra rende gli individui estremamente razionali e materialisti, con grandi sofferenze a livello di emicranie e con disturbi della vista.

Patologie: mal di testa, cecità, tensione agli occhi, miopia e disturbi in genere della vista, sinusite.

Settimo chakra

Nome: Sahasrara (il loto dalle mille foglie)
Ghiandola: ipofisi
Localizzazione: sommità della testa
Elemento: pensiero
Colore: viola/bianco.

Parti del corpo corrispondenti: corteccia cerebrale, sistema nervoso centrale.

Gli antichi indiani hanno sempre attribuito a questo centro la sede dell'Illuminazione, il centro e la sorgente della coscienza stessa. La coscienza vista al di là della ragione, dei sensi, cioè al di là del mondo fisico circostante. Il chakra della corona apre la porta all'armonia, alla separazione dal mondo fisico, per arrivare all'Illuminazione della mente. Questo punto energetico è la sede della Coscienza cognitiva e della Coscienza trascendente. La prima è quella che dal chakra della corona discende giù verso il mondo fisico: è la Coscienza che ci fa pensare attivamente, ci fa ragionare e apprendere le informazioni. La Coscienza trascendente è quella senza oggetto che non si focalizza sul piano fisico o sull'io ed è quella che ci dà la consapevolezza di poter percepire un ordine superiore. Questo tipo di trascendenza ci rende maggiormente illuminati rispetto alla Coscienza cognitiva.

La chiusura di questo centro energetico è la chiusura verso le forze spirituali e può provocare un grande squilibrio comportamentale, un estremo attaccamento alle cose terrene, una grande tensione mentale, una mancanza di rilassamento e una paura di perdere l'autocontrollo.
Patologie: depressione, malattie mentali e nervose.

Parte seconda

I TRE LIVELLI DEL REIKI

Capitolo 2

IL REIKI

Il Reiki è un sistema di guarigione naturale riscoperto dal monaco giapponese Mikao Usui attorno alla metà del XIX secolo. Questo sistema comprende varie tecniche, tutte basate sulla ricezione dell'Energia universale e la sua trasmissione mediante le mani. Il praticante Reiki, intenzionato a guarire se stesso o altri, in pratica appoggerà le proprie mani su di se o su altri e così facendo avvierà «automaticamente» la ricezione e la trasmissione dell'Energia universale.

La parola «Reiki» sintetizza, efficacemente, l'azione specifica del sistema di guarigione, infatti essa proviene dalla combinazione di «Rei», che in giapponese significa Energia universale, con «Ki», che significa energia vitale.

L'energia vitale è l'energia che permea e avvolge qualsiasi corpo, vivente e non. È l'energia che attraverso la sua costante circolazione apporta, sostiene e garantisce la vita. È l'energia caratteristica, unica, individuale di ciascun corpo, associata intrinsecamente al suo essere, al suo esistere, alla sua manifestazione, alla sua vita nell'Universo. È causa ed effetto della vita e della qualità della vita di ciascun corpo.

L'Energia universale è l'Energia del Tutto, è l'Energia dell'Uno. Non è la somma delle infinite energie vitali, pur comprendendole tutte. È l'Energia Divina del Creato, è la parte percepibile a noi umani della Luce, dell'Amore e della Forza Divina. È la nostra «casa». È la fonte inesauribile del visibile e dell'invisibile, del materiale e del non-materiale, è la fonte del Tutto.

La combinazione, la connessione dell'Energia universale con l'energia vitale, su cui si basa l'azione del Reiki, è il nostro ritorno a «casa», il nostro ritorno al Tutto, è la via della guarigione, è la via della ri-unione. La malattia, la sofferenza, il disagio nelle sue infinite, gravi e meno gravi manifestazioni, non sono solo un segnale, una luce accesa sul «nostro sintomo»; non ci invitano a focalizzare tutta la nostra attenzione soltanto su «quella parte», su «quell' organo», su «quel problema». Guardando dentro e fuori il «nostro sintomo», tutt'attorno e nelle sue profondità, possiamo anzi accorgerci della presenza di tanti altri «nostri sintomi» minori, silenziosi, messi a tacere o comunque «sopportati». La malattia di «quell'organo» è solo la parte manifesta, visibile, condensata, materializzata, della malattia di «quell'essere», della malattia di «tutto quell'essere». E la malattia di «quell'essere» è la rottura del suo equilibrio, della sua armonia, della sua sintonia con l'Universo, col Tutto. La connessione con l'Energia universale grazie al Reiki parte esattamente da questo punto. Con la pratica del Reiki, si tolgono tutti i veli sottili e invisibili che coprono la nostra coscienza e ci separano dall'Universo.

La capacità di ricevere l'Energia universale e di trasmetterla mediante le mani, in una parola di canalizzare l'Energia universale, viene acquisita con il seminario di 1° livello Reiki, nel quale ciascun partecipante, durante una cerimonia breve e intensa, viene sintonizzato con le vibrazioni sottili dell'Universo, viene «iniziato» e «aperto» al fluire dell'Energia universale.

Da quel momento sarà sufficiente appoggiare le proprie mani su se stesso o su altri per trasmettere l'Energia. Si è canali dell'Energia.

La partecipazione al seminario di 1° livello è aperto a tutti. La sintonizzazione con l'Energia, quale primo e fondamentale passo del lavoro energetico di purificazione e di guarigione, non richiede la dotazione di specifiche capacità intellettuali o conoscenze particolari, non richiede l'adesione anticipata a particolari dogmi e principi religiosi, non richiede di «essere creduto». Tutto ciò è assolutamente non necessario. La connessione all'Energia universale è connessione con la «Vita», è connessione con la nostra Anima, va oltre tutto ciò che portiamo in dote, bello o brutto che sia, va oltre la nostra presunta ricchezza o povertà, va oltre l'apparenza.

- Con il seminario di 1° livello acquisiamo lo strumento, «le nostre mani», per operare i «trattamenti» energetici, per lavorare alla nostra e altrui guarigione, mettendo in pratica le tecniche di canalizzazione apprese. Inizia così la «nostra» esperienza del Reiki, l'esperienza del movimento e della circolazione dell'Energia dentro e fuori di noi, l'esperienza della nostra connessione graduale, costante

e sempre più intima con l'Universo, l'esperienza della nostra purificazione che «lascia andare via tutto ciò che non ci serve più»: le ferite nascoste, le rabbie inespresse e tanto altro non saranno più trattenute. E tutto questo, «semplicemente», mettendo le proprie mani, il più frequentemente possibile, a contatto con se stessi e con altri!
Come diceva il Cristo: «Bussate e vi sarà aperto».

- Il 2° livello Reiki si basa e si raccorda a tutto il lavoro energetico, di purificazione, svolto nel 1° livello. L'iniziazione al 2° livello, operata nel relativo seminario, attiva ulteriori «poteri» nel canale Reiki, ampliando enormemente le sue potenzialità di connessione, di trasmissione dell'Energia e quindi di intervento energetico. Questi «poteri» devono essere sempre accompagnati con la «responsabilità» del canale, nel senso che chi canalizza le forze dovrà aver accolto la Luce, l'Amore e la Forza dell'Universo provenienti dalle canalizzazioni fatte.
- Il 3° e ultimo livello si rivolge a tutti quei canali Reiki che, avendo lavorato con l'Energia universale alla propria consapevolezza e guarigione, avranno maturato il desiderio, la disponibilità, l'entusiasmo, la scelta di «aprire», di «testimoniare» la propria esperienza ad altri, mettendosi al loro «servizio».

L'iniziazione al 3° livello attiva il «potere» superiore del canale Reiki di operare, su altre persone, «la sintonizzazione» all'Energia universale e al suo utilizzo avanzato, mediante le iniziazioni del 1° e del 2° livello, nonché di iniziare al 3° livello altri «maestri», altri «Master Reiki», che come lui avranno tutti i suddetti poteri.

Questo «potere», per riuscire a essere «servizio agli altri», dovrà essere costantemente armonizzato, con la «responsabilità», «la coscienza» e «l'impersonalità» del canale che lo esercita.

Il «servizio» agli altri, come pure tutti i «trattamenti» fatti agli altri, è servizio all'Universo di cui siamo parte attiva, è servizio alla Luce, all'Amore e alla Forza del Tutto di cui siamo canali, è servizio all'evoluzione dell'Uno.

Consapevole che le parole sono solo immagini dell'esperienza e inevitabilmente portano con sé la dualità della nostra realtà materiale, vorrei concludere questo paragrafo, ritornando al «centro» del Reiki per ricordare che «il Reiki è semplicità ed esperienza».

LA STORIA DEL REIKI

L'arte di guarigione del Reiki venne riscoperta intorno alla metà del XIX secolo, dal dottor Mikao Usui, un monaco cristiano giapponese, docente in una piccola università cristiana di Kyoto.

Durante una lezione alcuni suoi allievi sollevarono alcuni quesiti riguardanti le guarigioni di Gesù: perché non era mai stata fatta alcuna ricerca in merito? Mikao Usui si sentì investito in primo piano da quella serie di domande che mettevano a dura prova il suo modo di vivere la fede, ma soprattutto accesero in lui quello che sarebbe divenuto lo scopo principale della sua vita: ricercare le radici di quelle guarigioni.

Scelse, così, di approfondire lo studio del cristianesimo, recandosi negli Stati Uniti e precisamente a Chicago, nella cui Università conseguì la laurea in teologia. Nonostante gli studi, non arrivò alle risposte desiderate e così partì per l'India settentrionale, dove iniziò la ricerca di alcuni testi sacri scritti in sanscrito. Ma nemmeno lì riuscì a far luce sull'arte della guarigione. Tornando in Giappone, cominciò a studiare il buddhismo e la figura di Buddha e le sue innumerevoli guarigioni. E fu proprio all'interno di un vecchio monastero Zen giapponese che trovò la risposta ai suoi quesiti. Cominciò a studiare alcuni antichi testi buddhisti (i Sûtra), non ancora tradotti, nei quali trovò i simboli e le formule per praticare le guarigioni. Finalmente cominciava a vederci chiaro o perlomeno era riuscito a venire a capo di quanto aveva così affannosamente ricercato in tutti quegli anni e in vari Paesi (Giappone, America, India). Aveva in mano ormai la conoscenza, ma in che modo poteva applicarla? In che modo quei simboli e quelle formule gli potevano aprire le porte della guarigione?

Parlò delle sue scoperte all'abate del monastero, il quale dissuase Usui dal continuare le sue ricerche, ma, inarrestabile nel conseguimento del suo scopo, egli pensò di passare un periodo di purificazione e di isolamento sulla montagna sacra del Kuriyama, portando con sé solo i Sûtra e ventuno sassolini usati per scandire il trascorrere dei giorni. Ciò che voleva era stabilire un contatto con le energie dei simboli che aveva trovato nei Sûtra, ma i giorni trascorrevano e niente sembrava accadere. Ancor prima dell'alba del ventunesimo giorno, dopo aver gettato via il ventunesimo sassolino, vide all'orizzonte un punto di Luce che si stava avvicinando. All'istante si rese conto che la Luce, dotata di coscienza, era finalmente entrata in contatto con lui, per dargli la potenza guaritrice che lui stava cercando.

Il fascio di Luce lo colpì sulla fronte e lui entrò in uno stato incosciente. Vide in quel momento tante sfere colorate di ogni colore ma in maggior parte blu, rosa e lavanda. Dopodiché l'arcobaleno si trasformò in una Luce intensamente piena e nella quale si potevano vedere i simboli e le lettere sanscrite. Contemplando ciascun simbolo, ne ricevette la conoscenza vivente e ne apprese il giusto utilizzo. Fu questo il modo in cui Mikao Usui venne iniziato all'uso della potenza guaritrice del Reiki. Così nacque il Reiki!

Egli si sentì irradiato d'energia e con un benessere totale, nonostante i ventuno giorni trascorsi senza toccare cibo. Nel ridiscendere dalla montagna si fece male all'alluce del piede ma sperimentò subito il potere della guarigione poiché appoggiando le mani sul piede ferito miracolosamente guarì, in quanto cessò sia il dolore sia la fuoruscita di sangue.

Facendo una sosta in una locanda ove mangiò qualcosa gli capitò di guarire la nipote dell'oste della locanda che aveva un dolorosissimo mal di denti.

Profonda era stata l'esperienza di quei giorni e Usui maturò in sé la decisione di abbandonare il monastero e di andare tra i mendicanti di Kyoto per aiutarli a migliorare la loro vita. Li aiutò e li curò, trovò per alcuni di loro anche un lavoro. Ben presto, però, si accorse che gli slanci d'amore e di generosità che aveva dato erano vani: gran parte di loro non sentiva il bisogno di migliorare la propria vita, anzi la maggior parte era ritornata a mendicare.

Capì che non era sufficiente «dare» ma era importante elevare il loro livello di coscienza, capì che non bastava solo guarirli dalle malattie fisiche ma era necessario insegnare loro la Gratitudine e la Riconoscenza alla Vita. Fu così che nacquero le regole d'oro del Reiki.

Dopo sette anni passati nei quartieri poveri di Kyoto egli cominciò a viaggiare di nuovo dedicandosi all'insegnamento del Reiki. Girava per le strade con una fiaccola in mano e a chi gli chiedeva a che cosa servisse egli diceva che era alla ricerca di coloro che volevano iniziare un processo di crescita e di guarigione attraverso la Luce.

Di lì a poco ebbe fine la sua vita terrena e fu sepolto a Tokyo in un tempio Zen e sulla sua lapide vennero incise le vicende della sua vita.

L'insegnamento di Usui venne ereditato dal dottor Chujiro Hayashi che fu uno dei suoi più stretti collaboratori e che fu il secondo Grande Maestro di Reiki. Egli diresse, fino al 1940, una clinica privata a Tokyo dove si curava esclusivamente con il Reiki. Parecchi furono i casi curati con il Reiki sotto la direzione di Hayashi, casi disperati e non, casi in cui venivano praticati trattamenti di più operatori che agivano sul medesimo paziente anche per ore ottenendo risultati sorprendenti. Hayashi ne raccolse minuziosamente i dati e arrivò a constatare che il Reiki era efficace non solo sul piano fisico ma anche su quello mentale e spirituale ristabilendo il livello energetico intrinseco e risalendo alla causa originaria dalla quale era scaturita la malattia.

Fu in tale clinica che Hawayo Takata, la terza Grande Maestra del Reiki, conobbe il dottor Hayashi. Takata, figlia di genitori giapponesi che erano emigrati alle isole Hawaii, stava attraversando il periodo più critico della sua vita essendo da poco rimasta vedova con due figlie piccole e per di più aveva saputo di essere affetta da tumore. Prima di approdare alla clinica di Hayashi, Takata si era curata in un'altra clinica nella quale i medici, a causa della gravità del suo caso, la stavano preparando per l'intervento chirurgico di asportazione del tumore. Lei racconta che sul tavolo operatorio sentì dentro una voce che per tre volte le disse di non operarsi e così fece. In seguito venne a sapere della clinica del dottor Hayashi e delle sue cure con il Reiki e volle curarsi in tal modo. Fu trattata assiduamente con il Reiki e il suo tumore si riassorbì in pochi mesi. Takata stessa racconta che all'inizio era incredula circa la semplicità del Reiki. Si ristabilì completamente e, affascinata dal metodo di cura, decise di rimanere in Giappone ancora per un anno divenendo allieva di Hayashi. In seguito tornò alle Hawaii dove continuò a praticare il Reiki e quando nel 1938 Hayashi le fece visita le diede il titolo di Maestra. Nel 1941 Hayashi morì e Hawayo Takata era la terza Gran Maestra del Reiki.

Takata praticò il Reiki per molti anni e quando giunse ai settant'anni, decise di diffondere il metodo Reiki creando nuovi Maestri. Alla sua morte avvenuta nel dicembre 1980 in America e in Canada erano stati ordinati 22 Maestri.

Nell'agosto 1980 Takata aveva fondato la American Reiki Association, il cui scopo era organizzare e coordinare la trasmissione del Reiki. Da tale organizzazione furono create due organizzazioni tuttora operanti con sede negli Stati Uniti: la Reiki Alliance e l'American International Reiki Association (A.I.R.A.).

La Reiki Alliance è una libera associazione, fondata nel 1981 da Pyllis Lei Furumoto, la nipote di Takata, attuale Gran Maestra. L'Associazione cerca di orientare la trasmissione del Reiki da un punto di vista spirituale, nel rispetto della tradizione, poiché le persone che vorranno fare un certo tipo di percorso troveranno, quando secondo loro è il momento, la strada da percorrere. È un'associazione che evita discorsi promozionali, in quanto si ritiene che i veri contatti con il Reiki vanno al di là dei risvolti pubblicitari. Nella Reiki Alliance confluirono molti Maestri Reiki formati da Takata.

Nel 1982 Barbara Ray, allieva di Takata, fondò l'A.I.R.A., che si impegna nella dimostrazione di scientificità del Reiki con un'attenta raccolta di dati. È un'associazione che ha un grande apparato promozionale.

Gli insegnamenti del Reiki, nella forma scoperta da Usui, si sono diffusi ormai in tutto il mondo ed esistono anche Maestri che, pur essendo stati iniziati secondo i classici principi del Reiki, non appartengono ad alcuna organizzazione.

L'insegnamento del Reiki è stato tramandato in maniera inalterata, anche se recentemente l'A.I.R.A. ha attribuito a Usui una serie di altri simboli e ha portato i livelli di insegnamento da tre a sette.

La scelta del Maestro è solo individuale. Quando l'uomo comincerà a pensare più con il cuore che con la mente finalmente ascolterà la propria anima.

Regole di vita del Reiki secondo Mikao Usui

Per oggi non ti preoccupare
Per oggi non ti arrabbiare
Onora i genitori, i Maestri e gli anziani
Guadagna da vivere onestamente
Mostra gratitudine a tutti gli esseri viventi

Capitolo 3

Il primo livello Reiki

IL SEMINARIO DI PRIMO LIVELLO

Il seminario di primo livello è il luogo e il momento in cui avviene la nostra «iniziazione» all'Energia universale. Le vibrazioni sottili e ad altissima frequenza dell'Universo vengono incanalate dal Master Reiki in ciascun partecipante, ristabilendo per «la prima volta» la sua connessione all'Universo.

Questo flusso di Energia, che attraversa tutti i piani, tutte le dimensioni della persona, da quello materiale a quello emotivo, mentale e spirituale, opera in lui una trasformazione profonda e sottile. Il partecipante diviene «un canale dell'Energia», capace di connettere il Cielo alla Terra, capace di far discendere l'Energia sul piano materiale, semplicemente portando a contatto le proprie mani con l'oggetto di interesse: lui stesso, un suo simile, un animale, una pianta, una cosa eccetera.

Le sue mani diventano fonte d'Energia, fonte di Luce. Sarà, d'ora in poi, sufficiente «la disponibilità», «la volontà» a offrire le proprie mani a se stesso o ad altri per avviare la propria o altrui guarigione.

L'iniziazione al primo livello è la nostra prima esperienza con l'Energia. Anche se è vissuta, generalmente, con sensazioni, visioni, percezioni molto intense e molto belle, la consapevolezza di essere canale dell'Energia affiora e si radica più tardi. È l'esperienza della canalizzazione, quella di appoggiare le nostre mani su..., lavorare con l'Energia e l'osservazione delle reazioni e dei cambiamenti apportati, dentro e fuori di noi, che ci fa convergere sempre più su questa nostra nuova «qualità».

Sul piano pratico, l'iniziazione viene suddivisa in quattro fasi, corrispondenti a quattro momenti diversi del seminario. Il contatto con l'Energia risulta graduale, lento e morbido, tale da permettere una giusta conoscenza ed esperienza di essa.

L'esperienza della iniziazione è del tutto «personale». Ciascun partecipante ne ha un proprio specifico vissuto, del tutto diverso dagli altri. Ciò emergerà anche dalla condivisione dell'esperienza cui il Master Reiki inviterà i partecipanti, allo scopo di sensibilizzarli agli effetti sottili prodotti dal passaggio dell'Energia. Alcuni racconteranno di esperienze bellissime, piene di colore, di luce, di simboli o altro, mentre altri di esperienze tiepide, leggere o quasi impercettibili. Tutto ciò rivela la unicità di ciascun partecipante e del suo specifico cammino, non confrontabile col cammino altrui. Ognuno riceve la «sua» iniziazione, non confrontabile con l'iniziazione altrui. Indipendentemente dall'intensità delle manifestazioni sottili del passaggio dell'Energia, ciascun partecipante è un canale e questo si rivelerà non appena inizierà a canalizzare, a lavorare con l'Energia.

Oltre alla iniziazione, che costituisce lo spazio essenziale e focale del seminario, il Master Reiki è impegnato anche nella trasmissione dell'insegnamento Reiki.

Punto, centrale, dell'insegnamento sono i trattamenti di primo livello. Va subito detto che in Reiki il semplice posare le proprie mani su... è *trattamento*. Normalmente però intendiamo per trattamento la precisa e codificata sequenza di posizioni delle nostre mani sul nostro corpo o su quello di un nostro simile. È la «pratica», la «tecnica» della guarigione nel sistema Reiki. Anche se codificata, questa sequenza rappresenta una prima indicazione di percorso per quelli da poco iniziati. Con la pratica dei trattamenti e la connessione sempre più profonda con l'Energia, saranno la consapevolezza e, ancor di più, l'intuizione a guidare le mani nelle posizioni «giuste» da trattare.

La sequenza delle posizioni «codificate» per ciascun tipo di trattamento verrà esposta più avanti.

Alcuni suggerimenti, che sono il frutto della conoscenza e dell'esperienza del Master Reiki, possono costituire delle coordinate utili per i partecipanti nel loro «avviamento» ai trattamenti Reiki.

• Durante il trattamento, osservare, quanto più possibile, *il silenzio*. È dentro questa dimensione, su questo piano che la dinamica energetica cercherà la propria manifestazione. Il parlare costituisce spesso un meccanismo di difesa, che utilizza le energie mentali, sottili e invisibili per contrastare tutto ciò che di «insopportabile» comincia ad agitarsi. La guarigione richiede la consapevolezza su tutto ciò che si manifesta sulla scena del trattamento e questa, a sua volta, richiede il silenzio per poter ascoltare le cose «inudibili» come vedere quelle «invisibili».

• *Rinunciare a fare diagnosi.* La malattia, la sofferenza, che si manifesta sul piano fisico, quello orizzontale, ha la sua essenziale componente verticale che si disperde nelle dimensioni sottili e invisibili del mentale e spirituale del «malato». La diagnosi, la correlazione di cause ed effetto, quasi sempre escludono, separano la persona dalla propria malattia. Le cause conosciute del «vostro» mal di testa non spiegano e né chiariscono le cause del «mio» mal di testa, anche se apparentemente simili sul piano materiale. La persona da trattare è «un» essere e la sua malattia e il suo bisogno di Energia stanno a indicare soltanto, anche se spesso inconsapevolmente, il suo bisogno di ri-unione, di unità, di ri-essere e non di una ulteriore conferma della sua suddivisione in tante tantissime parti in conflitto tra loro. Tutto ciò che possiamo fare, e non è poco, è portare l'Energia a contatto con «l'essere» malato e da questo punto in poi sarà lui ad agire, anche se invisibilmente, forse anche inconsapevolmente, per la propria guarigione.

• *Eseguire trattamenti «completi».* Non sappiamo nulla, al di là delle apparenze, su cosa c'è dietro il «sintomo» e quanto sia la volontà della persona «malata» di divenire consapevole e quindi di integrare il proprio male. Occorre quanto più possibile, compatibilmente con lo spazio e il tempo disponibile, eseguire trattamenti completi su tutto il corpo della persona invece di intervenire localmente sul sintomo. Occorre portare l'Energia dappertutto. Il rimescolamento dell'assetto energetico porterà poi la persona a decidere, da dentro, cosa fare e quanto guarire.

• Iniziare il lavoro energetico eseguendo sempre *quattro trattamenti completi,* uno al giorno per quattro giorni consecutivi. Questa indicazione dapprima teorica, ma successivamente rafforzata dall'esperienza e dalla sensibilità alla dinamica energetica, rivelerà il suo valore pratico. Generalmente, i primi due trattamenti serviranno a «riscaldare», ad attivare, ad agganciare energeticamente il ricevente. La sua reazione in questa fase è di piacere, di rilassamento e di tranquillità interiore. Con il terzo trattamento, però, avviene «qualcosa»: il suo male, e non sappiamo quale e quanto, emerge, come se non fosse più trattenuto nelle sue profondità. È l'avvio della sua purificazione spesso accompagnata dal dolore, dalla sofferenza e dal disagio connesso al suo male. Il quarto trattamento rafforzando ulteriormente la purificazione in atto, stabilizza il nuovo assetto energetico che si è andato formando.

Può capitare, però, che i primi quattro trattamenti non risultino sufficienti. La persona ha bisogno di tempi più lunghi e di un maggior apporto di Energia. In questo caso occorre procedere con ulteriori trattamenti. Un suggerimento potrebbe essere quello di riprendere il secondo ciclo di quattro trattamenti dopo una pausa di tre giorni dalla fine del primo ciclo. Comunque, anche in simili circostanze, la vostra esperienza vi sarà sicuramente da guida.

All'esposizione della parte teorica del «come trattare», farà seguito la parte pratica, esperienziale. I partecipanti divisi in gruppi di due si scambieranno vicendevolmente i trattamenti appena appresi. È il momento di avviamento alla «pratica» del Reiki.

Successivamente, a conclusione dello scambio, il Master Reiki, invitando i partecipanti a condividere la propria esperienza, cercherà di enfatizzare gli aspetti sottili dei loro vissuti al fine di stimolare e risvegliare la loro sensibilità.

Il lavoro con l'Energia, la canalizzazione dell'Energia, non è affatto una esperienza silenziosa, cieca o muta. È accompagnata sempre da sensazioni, visioni e percezioni. La sensibilità a queste manifestazioni «sottili» si sviluppa e si radica man mano che si praticano i trattamenti.

Le possibilità d'uso del Reiki sono veramente infinite. Oltre a trattare noi stessi o gli altri possiamo trattare le piante, gli animali, le cose, il nostro cibo, le bevande, le medicine, i nostri oggetti personali, eccetera. Non esiste limite a ciò che si vuole irradiare d'Energia: tutto deriva semplicemente dalla capacità delle nostre mani di far discendere l'Energia.

Con l'iniziazione, ciascun partecipante diventa canale dell'Energia. Le sue mani diventano «mani di Luce» capaci di portare l'Energia laddove vengono posate. È sufficiente il semplice contatto, senza alcun bisogno di una specifica preparazione mentale come la concentrazione, la meditazione o la visualizzazione.

Il Master Reiki enfatizzerà questo nuovo stato dell'essere di ciascun partecipante, invitando tutti a diventare consapevoli del cambiamento sottile avvenuto. Le nostre convinzioni mentali, radicate nel contesto culturale occidentale e alimentate costantemente dalla nostra organizzazione di vita quotidiana, probabilmente molto materialista, costituiscono l'ostacolo principale a questa consapevolezza, destinato però a esser superato nella pratica del Reiki. Tutto nel Reiki passa attraverso l'esperienza delle «nostre» mani. Non c'è e non ci deve essere nulla di mentale, positivo o negativo che sia, che faccia da scorta o anticipi l'esperienza. Nulla è dato per scontato. Col Reiki non siamo osservatori di esperienze già codificate, già prestabilite, di verità già confezionate, a cui «per forza» dovremmo giungere. È l'esperienza con l'Energia che ci condurrà alla verità, alla nostra verità.

È vivamente consigliato a ciascun partecipante di scambiare, di dare e di ricevere, dopo il seminario, al più presto possibile, quattro trattamenti completi in quattro giorni consecutivi. Ciò servirà a rinforzare da subito l'apertura all'Energia avvenuta a seguito della iniziazione.

Il punto chiave, soprattutto per quelli che iniziano il loro lavoro con l'Energia, è uno solo: la circolazione dell'Energia. Occorre far circolare l'Energia! E nel Reiki ciò equivale ad una sola cosa: *fare trattamenti*!

Fare trattamenti a se stessi,quanto più possibile, scambiare trattamenti con gli altri, quanto più possibile, fare trattamenti alle proprie piante, fare trattamenti al nostro cibo, fare trattamenti a...

C'è tanto, tantissimo da fare.

Molti partecipanti, concluso il seminario di primo livello, già pensano al secondo livello. Hanno sentito parlare dei simboli Reiki e delle loro» magiche» applicazioni, soprattutto per quanto concerne la possibilità di trasmettere l'Energia a distanza. Vengono presi ed affascinati dagli aspetti di «potere» insiti nella trasmissione a distanza. Come se percepissero che, attraverso i simboli, la loro capacità di intervento e di azione, possa prescindere, possa liberarsi, dai condizionamenti materiali della loro fisicità e corporeità. Come se percepissero che i simboli costituiscono un «prolungamento» invisibile delle loro mani verso i loro oggetti del desiderio, i loro oggetti del potere. Come se percepissero che la loro volontà possa dilatarsi senza il coinvolgimento fisico della loro presenza.

Tutto ciò sta ad indicare che il loro cammino di purificazione non è ancora iniziato. Non conoscono l'Energia. Non hanno lavorato con l' Energia. Non hanno fatto trattamenti. Persistono ancora nell'atteggiamento del «ricevere», quando il lavoro con l'Energia è «dare», o meglio, è far circolare, è lasciar fluire, è aprirsi. Non hanno ancora scoperto e sperimentato che la via alla consapevolezza, all'innalzamento di coscienza, è la purificazione. Non sanno ancora che i termini «Energia», «purificazione» e «coscienza» sono inscindibili, sono aspetti della stessa «cosa».

LA CENTRATURA NEL CUORE

Qualsiasi trattamento Reiki, di primo o di secondo livello, ha inizio con la centratura nel Cuore. Questa importantissima posizione viene eseguita portando le mani al centro del petto, sovrapposte e incrociate oppure è una sopra e l'altra sotto, in parallelo.

La posizione del corpo, seduta, eretta o inginocchiata, dovrà essere quella più comoda in modo da non generare tensioni.

Durante questa posizione l'attenzione dovrà essere concentrata sul palmo delle mani cercando di percepire e sentire le sensazioni provenienti da esso. Il centro del petto corrisponde energeticamente al Cuore e quindi percepire le energie del Cuore è percepire il proprio nucleo, il proprio centro, ritirandosi dalla dimensione mentale localizzata nella testa o da quella dell'ego e del controllo connessa al plesso solare.

A quelli che hanno partecipato al primo livello sarà capitato di fare l'esperienza della centratura nel Cuore durante il seminario. Infatti il Master dopo aver introdotto questa posizione chiederà ai partecipanti di centrarsi nel Cuore. L'esperienza che ne emerge è che le energie mentali o quelle del controllo, del potere, dell'aggressività, dell'ansia del plesso solare, energie fredde, spigolose, dure, lasceranno il posto alle energie del Cuore percepite come energie morbide plastiche e calde, con la sensazione, comune a tutti i partecipanti, che le energie del luogo del seminario sono «totalmente cambiate».

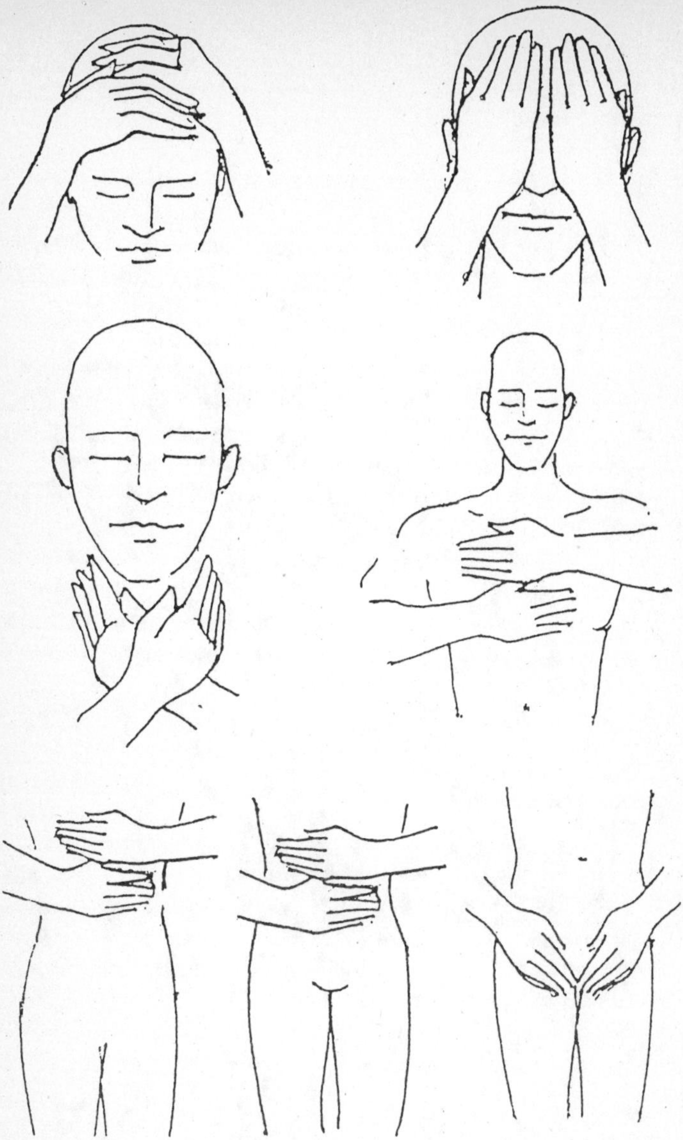

Fig. 9 – Autotrattamento.

Per quanto concerne la durata di questa posizione essa viene percepita direttamente dal praticante. La centratura nel Cuore comporta una modifica del proprio stato di coscienza avvertita come apertura e disponibilità a tutto ciò che è: è questo il segnale per concludere questa posizione e iniziare il trattamento vero e proprio.

Come si è detto, la centratura nel Cuore costituisce l'apertura di qualsiasi trattamento Reiki. Un'eccezione a questa regola è il trattamento fatto in situazioni di emergenza, di cui parleremo nel paragrafo relativo al «trattamento veloce», in quanto in questo caso occorre non perdere tempo prezioso e iniziare subito la canalizzazione.

La centratura nel Cuore è anche una pratica potentissima al di fuori del trattamento Reiki. In momenti di agitazione, ansietà, confusione o sovraesposizione, quando gli avvenimenti sembrano correre veloci e si ha la sensazione di esserne preda e in particolare non si ha il tempo necessario per fare un trattamento Reiki il posare le mani sul Cuore porta a uno stato di rilassamento e di rientro verso il proprio centro.

La centratura nel Cuore prima di addormentarsi, una volta distesi sul letto – cosa che istintivamente fanno i bambini – è un metodo efficace che fa da ponte verso il sonno: giova a coloro che hanno difficoltà ad addormentarsi.

L'ACCAREZZAMENTO DELL'AURA

L'accarezzamento dell'Aura costituisce la chiusura di qualsiasi trattamento Reiki. Si esegue portando entrambe le mani ravvicinate in corrispondenza della testa e facendole poi scorrere insieme lungo tutto il corpo della persona trattata fino ad arrivare alle estremità dei piedi. Le mani, rilassate e morbide, senza tensione e a distanza di cinque centimetri circa dal corpo del paziente, dovranno scorrere né in maniera troppo veloce né troppo lenta.

L'attenzione della persona che esegue l'accarezzamento, come già detto per la centratura nel Cuore, anche in questo caso dovrà essere concentrata sul palmo delle mani in modo da percepire le energie della persona trattata. Questa operazione viene effettuata per tre volte cercando di coprire tutta la superficie del corpo.

L'accarezzamento dell'Aura rappresenta, come si è detto, la chiusura del trattamento, del contatto energetico intercorso tra la persona che canalizza il Reiki e la persona che la riceve. È un segno di rispetto e di amore dopo aver lavorato nel campo aurico dell'altra persona prima di abbandonarla.

L'AUTOTRATTAMENTO

Dopo la sintonizzazione con l'Energia universale, che avviene durante il seminario di primo livello, diventiamo canali permanenti dell'Energia. Semplicemente, ponendo a contatto le nostre mani con noi stessi, con l'intenzione di trasmettere l'Energia, questa inizierà a fluire attraverso le mani, penetrando nel nostro campo energetico. Le nostre mani sono diventate per sempre mani di luce. E questa è una verità che si manifesterà, nella sua totale semplicità e potenza, durante la pratica stessa dei trattamenti Reiki.

Nel suo aspetto esteriore, l'autotrattamento è una sequenza di posizioni delle nostre mani su noi stessi. In verità il suo significato esperenziale e nascosto va ben al di là di ciò. L'autotrattamento può rappresentare un momento di amore, di ascolto, di silenzio e di dedizione a se stessi. In un mondo in cui ci troviamo in costante agitazione, spinti dai nostri desideri materiali e mentali a muoverci, a lottare, ad accaparrare energie per la nostra sete e fame mentale, emotiva e fisica, la connessione con l'Energia, l'esperienza con l'Energia attraverso l'autotrattamento, ci calma mutando il nostro stato di coscienza: percepiamo noi stessi nella serenità e nella gioia del divenire, consapvoli del fatto che è possibile anche rinunciare alla lotta e rivolgerci alla fonte infinita di Energia dell'Universo cui possiamo avere accesso. E tutto questo porta ad aprire le proprie porte all'Amore infinito dell'Universo, alla fiducia nell'Universo, al rapporto diretto con i propri «dolori» senza delegare la loro guarigione agli altri e quindi a fare l'esperienza della propria capacità di autoguarigione.

L'autotrattamento è, probabilmente, la nostra «prima «esperienza con l'Energia dopo la sintonizzazione:

• È la scoperta che le nostre stesse mani e quindi noi stessi abbiamo il potere della guarigione.

• È la sperimentazione pratica dei benefici effetti del lavoro con l'Energia universale.

• È la scoperta sorprendente della semplicità: in caso di dolori o bisogno di ricarica energetica o di allentamento della tensione o altro «basta mettere le mani su se stessi».

La Pratica dell'Autotrattamento. Scegliamo un luogo in cui non saremo disturbati per tutta la durata del trattamento. Mettiamoci seduti o sdraiati, in una posizione comoda e priva di tensione. Eseguiamo, dapprima, la centratura nel Cuore e restiamo per almeno tre minuti in corrispondenza di ciascuna posizione, qui di seguito descritta e illustrata alla Fig. 9; procediamo poi con l'autotrattamento:

1. Le mani sulla testa
2. Le mani sugli occhi
3. Le mani sulla gola
4. Le mani sul cuore
5. Le mani sul plesso solare
6. Le mani sul ventre
7. Le mani a V sulla zona inguinale.

Durante il trattamento, portare ripetutamente l'attenzione sul palmo delle mani. Chiediamoci che cosa sentono le nostre mani e cerchiamo di mantenere, il più possibile, la sintonia con esse.

Lasciamo scorrere i pensieri che affolleranno la mente, passando da protagonisti delle nostre immagini e pensieri mentali a spettatori di essi; ottenuto il distacco, lasciamoli andare via.

La sosta di tre minuti in ogni posizione e l'intera sequenza rappresentano il percorso minimo di ogni trattamento. Con l'esperienza, l'ascolto delle mani durante la canalizzazione e lo sviluppo della sensibilità all'Energia, si verrà guidati dall'intuizione e dalla percezione a una sosta più o meno lunga nelle singole posizioni, fino ad aggiungere nuove ulteriori posizioni delle mani.

È necessario osservare, il più possibile, il silenzio durante l'autotrattamento, evitando di parlare con le persone eventualmente vicine. Una musica appropriata, rilassante, può favorire il raccoglimento necessario e l'esperienza dell'Energia.

La pratica frequente dell'autotrattamento apporta effetti curativi e preventivi spettacolari, trasformando il praticante in canale sempre più efficace e sviluppando notevolmente la sua sensibilità all'Energia.

È sempre meglio preferire l'autotrattamento frequente, quando è possibile, all'applicazione isolata delle mani sulle posizioni doloranti.

Nel lavoro con l'Energia, non si devono fare diagnosi, e quindi, non si deve localizzare la terapia sul sintomo. Siamo Uno nelle varie dimensioni fisico, mentale, spirituale. L'autotrattamento integrale, apportando energie fresche, riarmonizza tutto il campo energetico nella sua totalità e unità, integrando anche e soprattutto le zone doloranti.

La sequenza delle posizioni dell'autotrattamento sono quelle dei sette chakra principali. Quindi, l'autotrattamento rappresenta anche una pratica di attivazione e armonizzazione dei medesimi.

IL TRATTAMENTO COMPLETO

Il Trattamento completo Reiki, eseguito sugli altri, è una esperienza meravigliosa e densa di significati. Nel suo aspetto formale ed esteriore, consiste in un «rapporto a due» in cui noi, accanto alla persona ricevente, poniamo le mani sul suo corpo con l'intenzione di guarirla. Nella sua realtà profonda e sottile, invece, è un «rapporto a tre», noi, il ricevente e l'Energia, che porta gradualmente alla consapevolezza dell'Uno. Siamo individualità diverse ma espressione e manifestazione della stessa unica Energia creativa, curativa ed evolutiva, che costituisce l'essenza di tutte le cose viventi e non viventi e del loro divenire nell'Universo.

Attraverso la pratica del trattamento Reiki, emergeranno alla nostra coscienza valori e verità, che spesso si scontrano con il nostro modo consueto e abituale di relazionarci con gli altri. Il restare seduti, in silenzio, accanto a una persona per un'ora e più, con le nostre mani sul suo corpo, entrambi attraversati dall'Energia, ci fa vivere e scoprire un diverso modo di dare e avere. Piuttosto che «io do/tu ricevi», o viceversa, che costituisce spesso i binari rigidi su cui le nostre relazioni viaggiano e che sottintendono una sottrazione dall'uno e un'aggiunta all'altro, si sperimenterà un diverso schema in cui entrambi, in contatto, siamo attraversati dalla stessa Energia del divenire, condividendo insieme la stessa Energia, abbeverandoci alla stessa fonte infinita e inesauribile di cui siamo parte.

Con la nostra capacità di canalizzare l'Energia, saremo probabilmente contattati, più frequentemente, dalla sofferenza degli altri. La «guarigione» e i suoi aspetti sottili busseranno alla nostra coscienza. La pratica del trattamento Reiki porterà gradualmente a rivelarci delle verità e quindi a modificare la nostra abituale posizione nei riguardi della guarigione.

Avvertiremo che «non si può guarire gli altri», «non si deve guarire gli altri». È una illusione, forse di potere, forse di paura della propria sofferenza, anche se espressa con amore. Tutto ciò

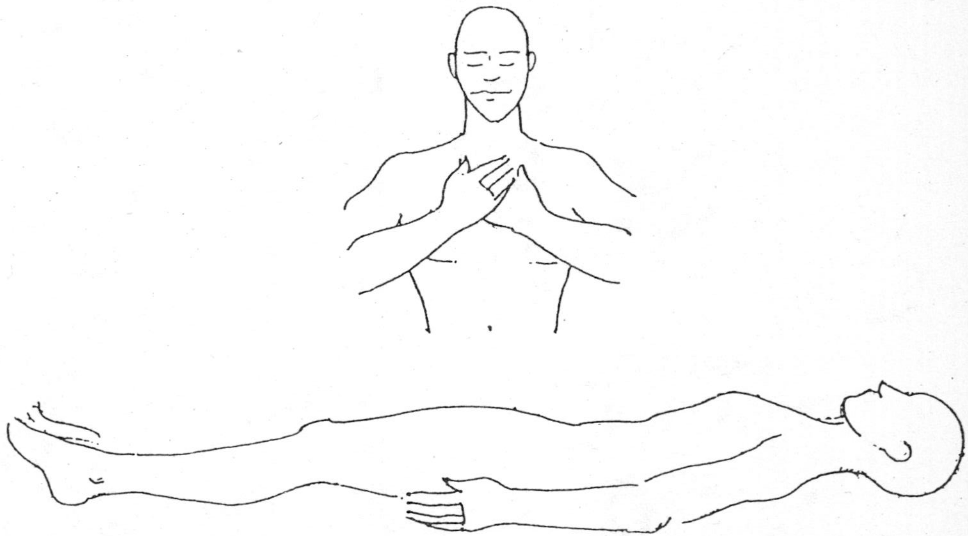

Fig. 10 a – Trattamento completo – Centratura nel Cuore.

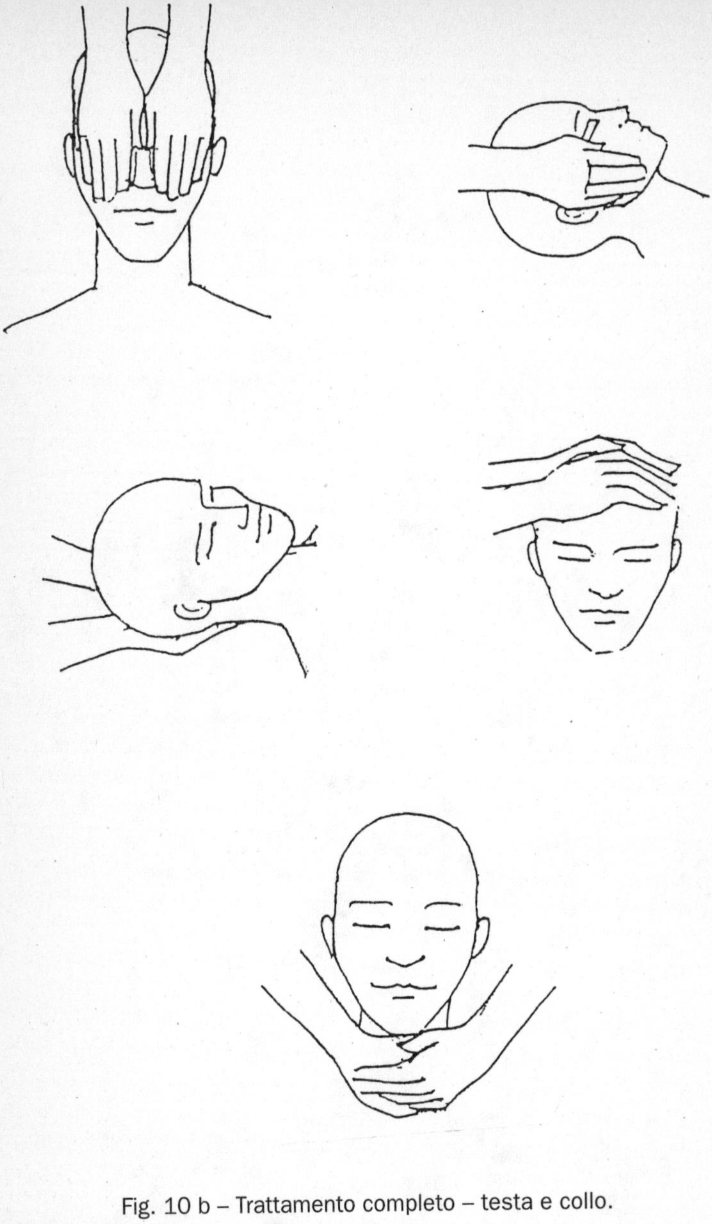

Fig. 10 b – Trattamento completo – testa e collo.

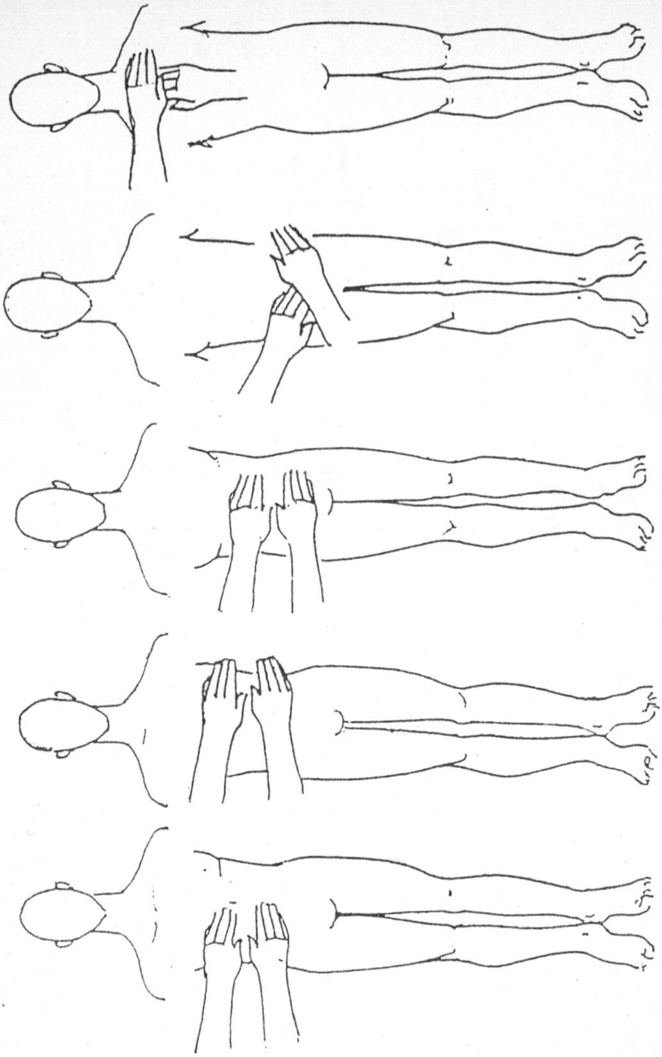

Fig. 10 c – Trattamento completo – parte anteriore.

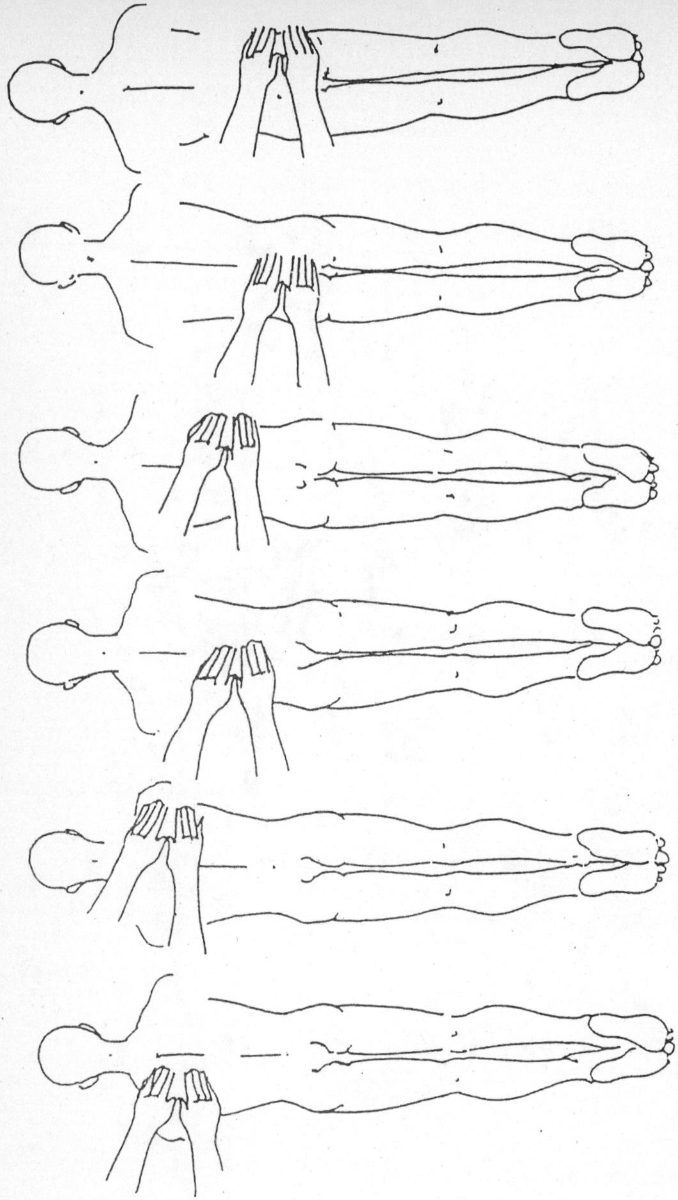

Fig. 10 d – Trattamento completo – parte posteriore (1).

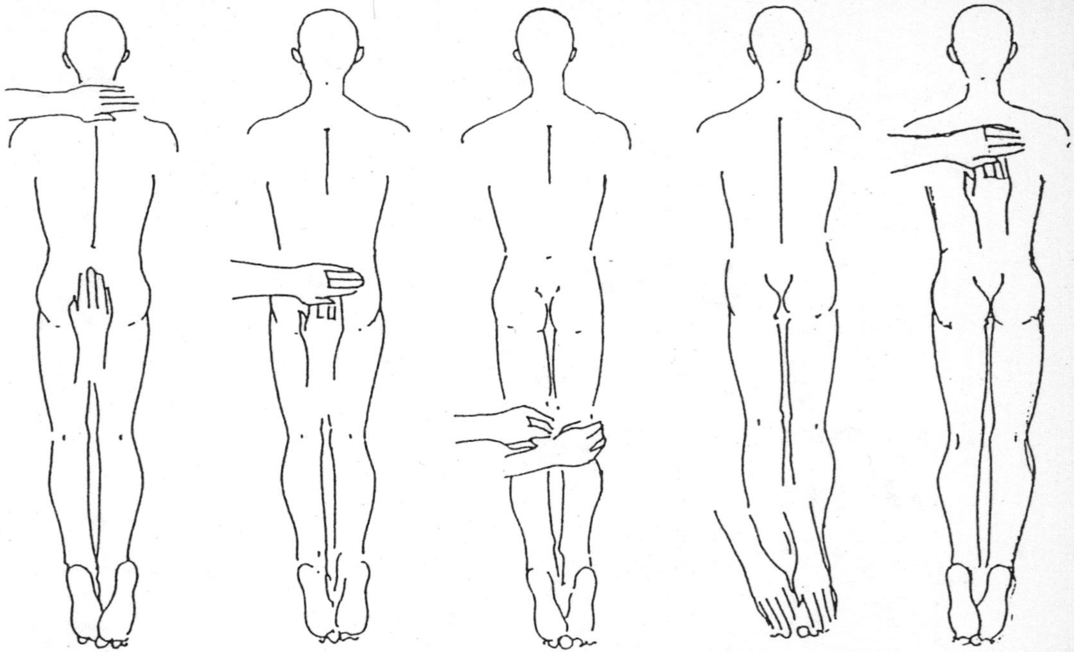

Fig. 10 e – Trattamento completo – parte posteriore (2).

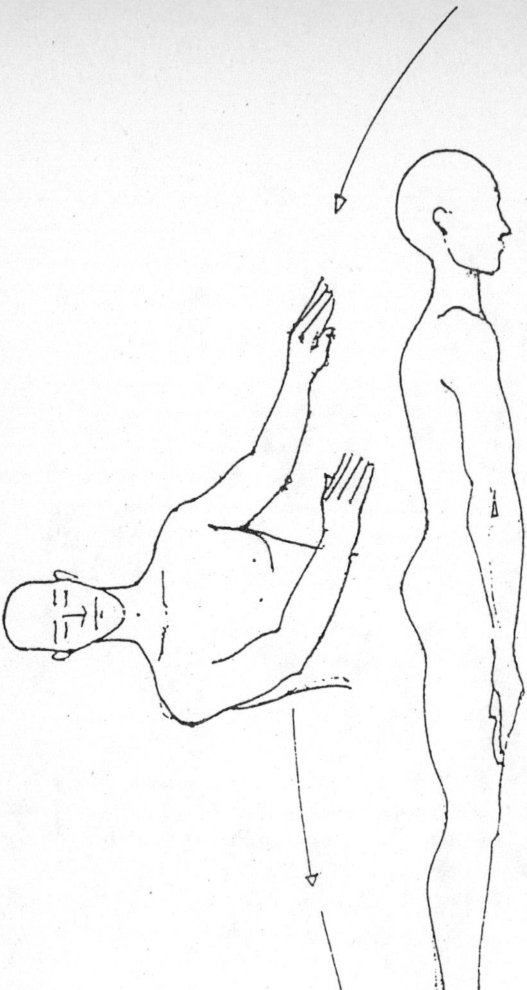

Fig. 10 f – Trattamento completo – Accarezzamento dell'aura.

che si può fare è «collaborare all'autoguarigione» degli altri, rispettando e accogliendo profondamente, senza riserve e senza critiche, il percorso autonomo di guarigione dell'altro, anche se ciò può apparire statico e inaccettabile per noi.

Avvertiremo che l'Energia, nella sua azione e trasformazione, opera su tutte le dimensioni della persona ricevente e in questo senso la guarigione non può essere solamente la guarigione guidata, focalizzata, mirata contro un determinato sintomo. La guarigione non può essere «quella guarigione», ma è «la guarigione»; quindi il desiderio di guarire gli altri e la delusione della non guarigione degli altri vanno vissuti e accettati con umiltà. L'umiltà e la profonda fiducia nell'Amore e nella Intelligenza dell'Universo saranno nostro unico bagaglio lungo il viaggio con la sofferenza altrui.

Continuando a praticare il Reiki, continuando a fare trattamenti Reiki, ci accorgeremo sempre più quanto la capacità di guarire con la sua potenza, la sua semplicità e la sua naturalezza ci sia vicina. È nelle nostre mani, è in noi e non al di fuori di noi. E questa è forse l'ultima contraddizione nelle nostre credenze che dovremo affrontare.

La pratica del Trattamento completo. Per l'esecuzione del Trattamento completo scegliete un luogo in cui non sarete disturbati per tutta la sua durata. Fate sdraiare il ricevente in posizione comoda, suggerendogli di togliere eventuali oggetti metallici, le scarpe, nonché di allentare gli indumenti stretti.

Il trattamento completo comprende nel suo insieme e nell'ordine di esecuzione, il trattamento della testa e del collo, il trattamento della parte anteriore del tronco e per ultimo il trattamento di tutta la parte posteriore del ricevente.

Eseguite dapprima la centratura nel Cuore e procedete al trattamento mantenendo per almeno tre minuti ciascuna posizione delle mani, nella sequenza qui di seguito descritta e illustrata alla Fig. 10.

- *Trattamento della testa e del collo*:
  1. Le mani sugli occhi
  2. Le mani sulle tempie
  3. Le mani alla nuca
  4. Le mani sulla testa
  5. Le mani alla gola – leggermente distanziate da essa
- *Trattamento della parte anteriore del tronco*:
  6. Le mani sulla zona del fegato
  7. Le mani sulla zona dello stomaco, milza e pancreas
  8. Le mani sulla zona del plesso solare

9. Le mani a V sulla zona inguinale

10. Le mani a T sul plesso cardiaco – in caso di problemi al cuore, trattare la zona circostante

• *Trattamento della parte posteriore del corpo:*

11. Le mani sulla parte superiore delle spalle
12. Le mani sulla parte superiore, opposta, delle spalle
13. Le mani sulla parte dorsale della schiena
14. Le mani sulla parte dorsale, opposta, della schiena
15. Le mani sulla parte lombare della schiena
16. Le mani sulla parte lombare, opposta, della schiena
17. Le mani a T sul coccige
18. La mano destra sul coccige e la sinistra sulla zona cervicale
19. Le mani sulla parte posteriore delle ginocchia
20. Le mani sulle piante dei piedi
21. Le mani a T sul plesso cardiaco

Al ricevente non è richiesto di svolgere alcuna specifica attività mentale tipo concentrazione, visualizzazione, focalizzazione su determinati chakra, respirazione controllata eccetera. Tutto ciò che si richiede è la sua calma, la sua disponibilità, il silenzio e la partecipazione.

Durante il trattamento l'attenzione dovrà essere concentrata sul palmo delle mani. Chiediamoci che cosa sentono le nostre mani e stabiliamo e manteniamo il più possibile la sintonizzazione con esse.

Il contatto delle mani dell'operatore (il canale) con il corpo del ricevente dovrà essere completo e morbido. Le dita devono seguire a contatto la curvatura naturale del corpo, «essere presenti» senza essere pressanti, in modo tale che il ricevente avverta la presenza e l'accoglienza del canale.

La rilassatezza e la flessibilità del corpo dell'operatore sono fattori importanti di partecipazione di quest'ultimo alla dinamica energetica in corso. Una posizione scomoda, in un trattamento che dura più di un'ora, riduce l'attenzione e la presenza dell'operatore, facendo peraltro pesare, sul ricevente, la sua stanchezza e indisponibilità.

La sosta di tre minuti in tutte le posizioni e la loro sequenza rappresentano il percorso minimo del trattamento. Con l'esperienza, l'ascolto delle mani durante la canalizzazione e lo sviluppo della sensibilità all'Energia, si verrà guidati dall'intuizione e dalla percezione a una sosta più o meno lunga nelle singole posizioni e all'aggiunta di nuove ulteriori posizioni delle mani.

Per passare da una posizione a quella successiva, si dovranno spostare le mani una alla volta, in modo da non interrompere bruscamente il flusso dell'Energia e il contatto con il campo energetico del ricevente. Fate attenzione anche a sollevare, leggermente, le mani e a non strofinarle sul corpo del ricevente.

Evitate di parlare, scambiare opinioni, emozioni o altro con il ricevente, a meno che lo stesso non senta il bisogno insopprimibile di comunicare ciò che sta vivendo. Dopo lo scambio, riportare dolcemente la situazione al silenzio. La condivisione potrà eventualmente proseguire dopo la conclusione del trattamento. Il contatto con l'Energia è un contatto sottile e quindi il parlare durante il trattamento può deviare l'esperienza che di essa fa il ricevente.

La presenza dell'operatore dovrà, in generale, essere morbida, silenziosa, ricettiva e non invasiva. Il suo spostamento lungo il corpo del ricevente, durante il trattamento, dovrà avvenire senza scatti bruschi evitando di urtare il ricevente o appoggiarsi a esso.

Con il trattamento e il conseguente rilassamento profondo, la temperatura del ricevente può abbassarsi. Se l'ambiente non è ben riscaldato, sarà opportuno iniziare il trattamento coprendo adeguatamente il ricevente.

La sintonizzazione con le proprie mani durante il trattamento è un'attitudine da sviluppare. Ciò permetterà di fare esperienza della diversità delle energie del ricevente, della loro qualità e densità nei diversi punti di contatto. Fate esperienza della diversità tra il davanti e il dietro, tra la testa e il tronco, tra il tronco e i piedi e anche tra le diverse posizioni del tronco eccetera.

Provate a dare il trattamento Reiki anche agli «estranei», non fermandovi alla ristretta cerchia dei parenti e dei conoscenti. Durante il lavoro Reiki, nel silenzio e nella calma della canalizzazione dell'Energia, l'esperienza del corpo altrui conduce a percepire la sua essenza e la sua sacralità. Il contatto è il contatto di due anime che va oltre la maschera della personalità e delle apparenze.

IL TRATTAMENTO VELOCE

L'esecuzione del Trattamento completo richiede la disponibilità di tempo e di spazio. Il ricevente viene fatto sdraiare comodamente e l'operatore Reiki lavorerà per più di un'ora con lui. Ci sono però circostanze in cui la disponibilità di tempo o di spazio vengono, per varie e giustificate ragioni, a mancare. Si pensi, per esempio, ai momenti in cui si ha fretta, un appuntamento che ci sta aspettando, oppure situazioni in cui si ha poco spazio: ci troviamo sul nostro posto di lavoro, in ufficio, oppure in momenti di emergenza reale, oppure in quelle occasioni in cui ci sentiamo spossati e dobbiamo recuperare velocemente le nostre forze. In tali casi è opportuno eseguire il Trattamento veloce.

La pratica del Trattamento veloce. La posizione del ricevente dipenderà dalle motivazioni della richiesta del trattamento. Se le condizioni del ricevente lo permetteranno, la posizione generalmente adottata sarà quella in piedi. In caso contrario è bene farlo sedere su di una sedia oppure farlo sdraiare su di un fianco.

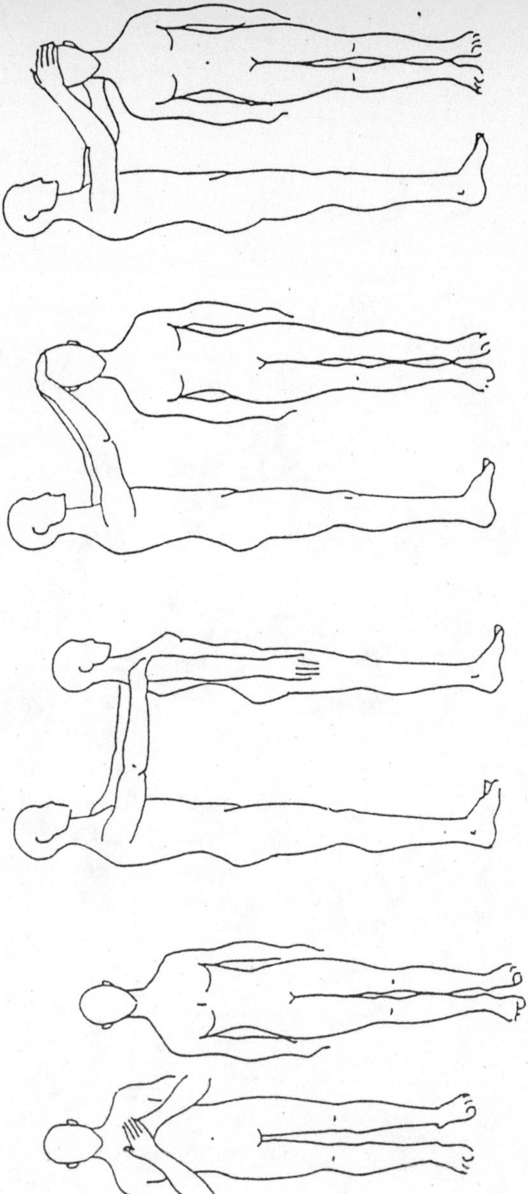

Fig. 11 a – Trattamento veloce (1).

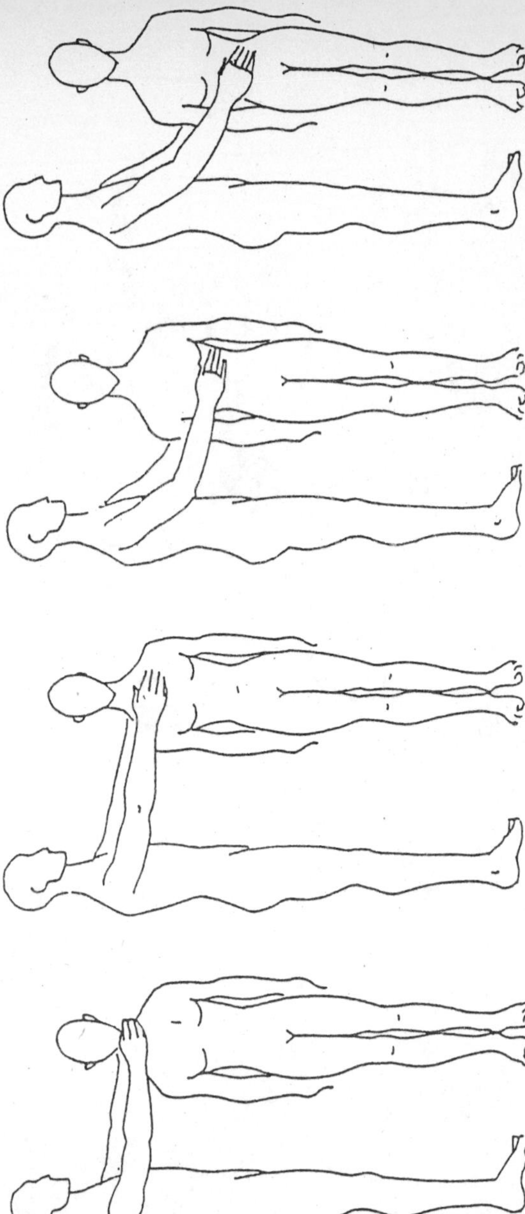

Fig. 11 b – Trattamento veloce (2).

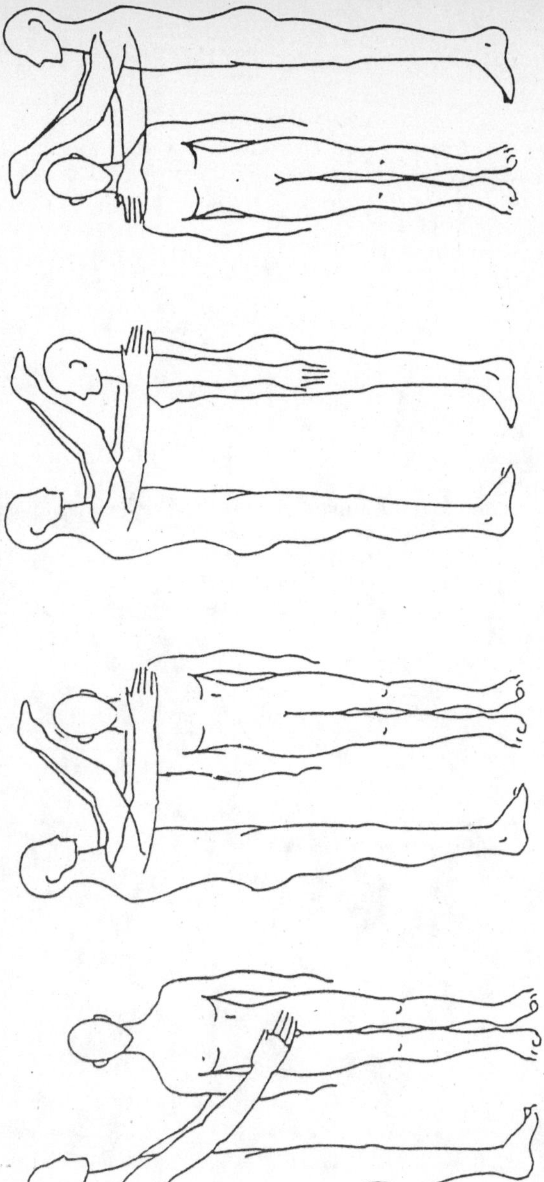

Fig. 11 c – Trattamento veloce (3).

Al ricevente non è richiesto di svolgere alcuna specifica attività mentale tipo concentrazione, visualizzazione, focalizzazione su determinati chakra, respirazione controllata eccetera. Tutto ciò che si richiede è la sua calma, se possibile, la sua disponibilità, il silenzio e la partecipazione. La sosta su ciascuna posizione è assai più breve di quella prevista per il Trattamento completo: non più di un minuto. Anche il numero complessivo di posizioni delle mani è ridotto in quanto il trattamento interviene solamente e direttamente sui chakra principali del ricevente.

La centratura nel Cuore, che è il passo iniziale di apertura di tutti i trattamenti Reiki, necessario per stabilire il contatto con il proprio Cuore e iniziare il lavoro energetico, verrà eseguita solo se non ci troviamo in situazioni di emergenza: in questo caso dobbiamo intervenire rapidamente senza perdere tempo prezioso.

La sequenza delle posizioni del Trattamento veloce, illustrata alla Fig. 11, è qui di seguito riportata:

1. Centratura nel Cuore stando alle spalle del ricevente
2. Le mani sulle spalle del ricevente per stabilire il primo contatto energetico
3. Spostandosi sulla destra del ricevente, portare entrambe le mani sulla sua testa (7° chakra)
4. Spostare la mano destra sulla fronte del ricevente e la sinistra sulla sua nuca (6° chakra)
5. La mano destra sulla gola, leggermente distanziata, e la sinistra sulla parte posteriore del collo (5° chakra)
6. La mano destra sul petto e la sinistra parallelamente a essa sulla schiena (4° chakra)
7. La mano destra sull'addome e la sinistra parallelamente a essa sulla schiena (3° chakra)
8. La mano destra sul ventre e la sinistra parallelamente a essa sulla schiena (2° chakra)
9. La mano destra sulla zona pelvica e la sinistra sul coccige (1° chakra)
10. Accarezzare l'aura, per tre volte, dall'alto verso il basso, spostandosi ogni volta su di un lato del ricevente.

IL TRATTAMENTO COMPLETO DI GRUPPO

Il Trattamento completo si basa sulla presenza di un unico donatore, canale di Energia. Durante il Trattamento, questi porta le proprie mani, fonte di Energia, a contatto con le diverse parti del corpo del ricevente, sostando in ciascuna posizione tutto il tempo che occorre, prima di passare alla successiva.

Esperienza diversa, più intensa, è quella del Trattamento completo con più canali d'Energia, che contemporaneamente hanno le proprie mani appoggiate su più punti del corpo del ricevente. Tutto il suo corpo è investito e permeato dalla Energia. È un bagno di Energia. Un bagno caldo, potente e dolce di Energia. Esternamente, tante mani che offrono, che sono presenti, che accolgono e internamente afflussi di Energia che col passare del tempo diventano ondate di Energia. È un'esperienza che consiglio per quelle situazioni in cui il ricevente è «freddo», resistente, dubbioso, quando ha difficoltà a sentire, a percepire, oppure quando il male, il dolore, il sintomo, si manifesta in modo aggressivo.

Consiglio anche di eseguire il trattamento di gruppo ogni qualvolta ciò sia possibile, quando sono presenti più donatori Reiki, persone iniziate al primo livello Reiki.

L'esperienza del canale d'Energia in un trattamento di gruppo è anch'essa particolare, come quella del ricevente. L'essere connesso, insieme ad altri canali, al medesimo ricevente e alla medesima fonte spinge ed esalta la percezione della comunione a un bene comune con uno scopo comune. Si vive la condivisione e la ri-unione, al di là del nostro sentirci singoli o forse isolati canali d'Energia.

Tutto nel Reiki è esperienza, è consapevolezza. Anche il trovarsi con altre persone, in silenzio, accanto a un ricevente, come canali di Energia, vivendo tutti assieme il fluire dell'Energia, è esperienza, trasformazione in atto, silenziosa nelle sue forme esteriori ma comunque in atto.

La pratica del Trattamento completo di gruppo. La pratica del Trattamento completo di gruppo è simile a quella con un solo canale. Le posizioni da trattare sono le medesime, che però vengono coperte e «lavorate» da più canali.

- È opportuno, prima di iniziare, accordarsi su quale debba essere, per ciascun donatore, la posizione iniziale ed eventualmente il percorso durante il trattamento. Si deciderà, in base al numero di donatori, di scegliere un percorso lineare che non porti a sovrapposizioni o intersezioni con gli altri, evitando di spostarsi troppo durante il trattamento. Può capitare, se sono tanti i donatori presenti, di dover sostare nella medesima posizione per tutta la durata del trattamento.
- Il ricevente viene fatto sdraiare in una posizione comoda e priva di tensione, con gli occhi preferibilmente chiusi.
- I donatori, in posizione iniziale, eseguiranno tutti insieme la centratura nel Cuore, e quando saranno pronti inizieranno la loro parte del trattamento.
- Il silenzio, come in tutti i trattamenti Reiki, è una condizione da

rispettare il più possibile. È lo «spazio» giusto per lo svolgimento della canalizzazione e della dinamica energetica.

• Concluso il lavoro sulla parte anteriore del ricevente, quando questi si appresta a girarsi, le mani dei canali dovranno restare a contatto col ricevente, garantendo la continuità della connessione energetica.

L'insieme delle posizioni di lavoro sulla testa del ricevente verrà eseguito da un solo canale. Ciò influenzerà la durata complessiva del trattamento che, tenendo conto di una sosta minima di tre minuti per posizione, sarà all'incirca di 30 minuti.

IL TRATTAMENTO DEGLI ANIMALI

Anche gli animali, tutte le specie di animali nessuna esclusa, possono essere curati e amati con la stessa Energia d'Amore che canalizziamo, con le nostre mani, per i nostri simili, gli uomini.

Non c'è differenza. Siamo tutti, uomini, animali, vegetali, minerali, tutto ciò che esiste, tutto ciò che è, creature di un unico Dio, espressioni diverse, moltitudine infinita di un'unica sostanza, di un'unica Volontà, di un unico Amore, di un'unica Forza, di un'unica Energia.

Dopo l'iniziazione al primo livello Reiki, abbiamo iniziato a lavorare con l'Energia. Abbiamo iniziato a sperimentare da subito il nostro essere canali d'Energia con i nostri simili, i nostri parenti, i nostri amici, comunque con «persone» che riconosciamo appartenere al nostro piano umano.

L'esperienza del trattamento degli animali allarga orizzontalmente questi confini: altre creature, «non umane», beneficiano della nostra canalizzazione, diventano più tranquilli, si distendono, si curano, guariscono, muta il loro comportamento, il loro atteggiamento.

Così il nostro essere canali, questa percezione, si allarga, esce dalla relazione umana per prendere un carattere più impersonale, più profondo. Siamo cioè più canali di prima. Il nostro «dare» coinvolge altri ambiti oltre quello «umano». Avvertiamo da qualche parte dentro di noi, una similitudine tra l'umano e il non-umano, un punto in comune, una ri-unione, una integrazione delle diversità. È l'esperienza della semplicità del Reiki. È l'esperienza della semplicità e universalità dell'Energia, dell'Amore, della Luce. Sempre con le stesse mani, le nostre mani, curiamo, amiamo le manifestazioni diverse della unica sostanza, la nostra stessa sostanza. Forse, questa semplicità ha a che fare con l'Amore e forse l'esperienza del Reiki, dopo un lungo o breve percorso, vuole solo portarci là. Là dove tutto e tutti è Uno. Là dove tutto e tutti è Amore. Là dove tutto e tutti è Luce.

La pratica del trattamento degli animali. La pratica del trattamento degli animali è condizionata dalle loro specificità, dalle loro dimensioni, dalla confidenza che abbiamo con loro, dalla loro pericolosità e dal loro stato di malattia e di sofferenza.

• Per quelli piccoli, come gli uccellini, sarà sufficiente lasciar fluire l'Energia attraverso le nostre mani, che disposte a coppa li avvolgono dolcemente e delicatamente.

• Per i pesci nell'acquario, sarà opportuno appoggiare le nostre mani ai due lati del recipiente, sostandovi per una decina di minuti.

• Per cani, gatti e animali domestici, il trattamento è molto simile a quello «umano». Centrarsi prima della canalizzazione, lasciar guidare le mani dalle proprie percezioni, trattare quanto più possibile tutto il corpo e indugiare in quelle posizioni in cui si percepisce la necessità o la sete di Energia o là dove si localizza la malattia o sofferenza dell'animale: sono le stesse linee guida che abbiamo adottato nel trattamento «umano» e che valgono per intero anche per gli animali.

Attraverso il loro atteggiamento, il loro comportamento o altri segnali, scopriamo la loro reazione alla nostra canalizzazione. Diventano più distesi, più tranquilli, si armonizzano, muta il loro rapporto con noi, con le nostre mani, come se si ricordassero dell'esperienza «piacevole» avuta e ne volessero «dell'altro».

Anche durante il loro sonno possiamo, e forse è anche opportuno, eseguire il trattamento. Sarà sufficiente tenere le nostre mani sopra il loro corpo a distanza di qualche centimetro e lasciar fluire l'Energia.

• In generale, nel trattare gli animali, soprattutto nelle nostre prime esperienze, dobbiamo essere vigili e pronti a cogliere eventuali segnali di impazienza da loro manifestati e a rispettarli. Potrebbero essere segnali, indicazioni per noi, per interrompere e chiudere il trattamento. E così faremo esperienza e ci sensibilizzeremo alle loro specifiche dinamiche energetiche, diverse da quelle umane, per regolarci poi sulla durata dei successivi trattamenti.

• Per gli animali grossi, per quelli inavvicinabili per la loro pericolosità o perché sono paurosi, il trattamento a distanza del secondo livello Reiki è sicuramente la via più comoda e sicura per raggiungerli, trattarli e curarli.

IL TRATTAMENTO DELLE PIANTE

Anche per quanto concerne le piante, tutte le specie e i tipi di piante, il nostro piano di esperienza nella canalizzazione dell'Energia è «apparentemente» diverso da quello «umano».

L'esperienza del trattamento Reiki, con le nostre mani, di nuovo porta luce e consapevolezza su queste «apparenze».

La pratica del trattamento alle piante, la manifestazione di una loro crescita forte e sana, la loro ritrovata rigogliosità, la loro ripresa dalla eventuale malattia ci consentono di focalizzarci maggiormente sulla «sostanza» che stiamo canalizzando: sostanza che cura, guarisce, risana, armonizza e trasforma il mondo vegetale così come quello umano e animale.

È ancora il Tutto e l'Uno, permeato e connesso dall'Amore.

La pratica del trattamento delle piante. La pratica per connettersi con l'Energia del mondo vegetale è semplice. Si possono trattare i semi, non ancora interrati, tenendoli tra le mani disposte a coppa e lasciando fluire l'Energia. Per quelli interrati, sarà sufficiente mettere le mani a qualche centimetro sopra il terreno.

- È possibile trattare i fiori recisi poggiando le mani sul loro vaso là dove gli steli affondano nell'acqua.
- Si possono trattare le piante con le mani sul loro vaso lasciando fluire l'Energia alle radici.
- Gli alberi si trattano abbracciandoli o poggiando le mani sul tronco con l'intento di dare loro Energia.

IL TRATTAMENTO DEI FARMACI

Siamo canali dell'Energia. Ogni cosa che teniamo tra le nostre mani con l'intento di lasciar fluire l'Energia, si connette alla Vita.

Questa Forza vitale infusa nelle cose si contrappone e neutralizza le eventuali forze negative e disgregatrici veicolate dalle stesse.

Sono noti gli effetti collaterali, negativi, dei farmaci sull'organismo umano. Particolarmente poi la loro somministrazione massiccia in terapie intensive, terapie d'urto in caso di malattie devastanti.

Con il trattamento dei farmaci, tenendoli per alcuni minuti tra le nostre mani, siamo in grado di ridurre drasticamente la manifestazione di tali effetti, nonché di ridurre la durata di assunzione dei farmaci medesimi.

IL TRATTAMENTO DEI CIBI E DELLE BEVANDE

Con l'iniziazione al primo livello Reiki, siamo diventati canali dell'Energia, canali tra Cielo e Terra. La pratica dei trattamenti ci ha reso sempre più consapevoli dello strumento di questa connessione, le nostre mani. Imponendole sugli altri, sugli animali e sulle piante siamo in grado di portare su di loro la Luce, l'Amore, la Forza universale, la Vita.

Le nostre mani acquistano così una dimensione ulteriore rispetto a quelli da sempre conosciuti, da sempre vissuti. Una dimensione sottile. Possiamo irradiare d'Amore, consapevolmente, tutto ciò che tocchiamo. La nostra capacità di intervento sottile si estende in tutta la nostra quotidianità. Il cibo è certamente un momento importante di questa quotidianità. Introduciamo nel nostro organismo sostanze «esterne», sostanze che potrebbero anche veicolare effetti negativi come intolleranze e allergie.

Noi, ora, possiamo irradiarli. Possiamo neutralizzare questi effetti negativi, possiamo potenziare le qualità nutritive dei cibi, possiamo renderli più digeribili.

La pratica del trattamento dei cibi e delle bevande. Il trattamento dei cibi dipende dalla loro specifica forma di confezione o di preparazione (Fig. 12).

- Nel caso che il cibo venga da noi preparato, possiamo tenere gli ingredienti tra le nostre mani e lasciar fluire l'Energia.
- Stessa cosa possiamo fare con il pane, la frutta, la verdura eccetera.
- Se però ci serviamo di un piatto già pronto, possiamo imporre le nostre mani, leggermente distanziate, sopra di esso.
- Per le bevande, per l'acqua, per il latte, possiamo appoggiare le nostre mani ai lati del contenitore e lasciar fluire l'Energia.

Capitolo 4

IL SECONDO LIVELLO REIKI

IL SEMINARIO DI SECONDO LIVELLO

L'accesso e la partecipazione al seminario di secondo livello è consentito solo a quelle persone che abbiano già ricevuto l'iniziazione al primo livello e abbiano «lavorato» con l'Energia.

Sotto la spinta delle più diverse motivazioni, delle più diverse cause, si realizza l'incontro di ciascuno di noi col Reiki. Il desiderio di..., la paura di..., l'inclinazione per..., la volontà di..., il piacere di..., la moda e non ultimo «il caso» non sono che alcune delle infinite, personali, vie che ci conducono al Reiki.

Il grado di consapevolezza dell'Energia e del suo utilizzo, in questa fase, è generalmente e ovviamente basso. Domande come «Che cosa è l'Energia?», «L'Energia c'è?», «A che cosa serve l'Energia?», «Cosa posso fare con l'Energia?», «Come l'Energia può essermi utile?», «Cosa mi succederà con l'Energia?» ci accompagneranno fino alla soglia del seminario di primo livello.

L'iniziazione al primo livello apporta un cambiamento nelle nostre profondità, nella nostra dimensione sottile. Il Master Reiki ci connette alle vibrazioni alte dell'Universo, innalzando quelle nostre. Diventiamo «canali dell'Energia universale». Il suo insegnamento ci indica lo strumento, le nostre mani, e il modo, i trattamenti, con cui «far discendere» l'Energia, «lavorare» con l'Energia.

E da questo punto inizia il nostro percorso, il nostro «personale» percorso di utilizzo del Reiki, alla ricerca di risposte a quelle domande che continuano ad accompagnarci. Facendo autotrattamenti, scambiando trattamenti con altri, trattando animali, piante, cose, la nostra esperienza e conoscenza dell'Energia si approfondisce. La consapevolezza che «siamo canali dell'Energia» diventa totale; fa parte della nostra coscienza; anche se l'avevamo sentito dire dal Master Reiki, ora è parte di noi; è un punto fermo.

L'iniziazione al secondo livello si innesta e si raccorda proprio a questa consapevolezza per innalzare ulteriormente il livello di coscienza del praticante. L'accesso e la partecipazione al seminario di secondo livello, quindi, è consentito solo a quelle persone che abbiano già ricevuto l'iniziazione al primo livello e che abbiano «lavorato» con l'Energia. Percependo le «tracce» del lavoro energetico svolto, il Master Reiki ha la libertà e la responsabilità di scelta nell'ammettere o meno al seminario di secondo livello la persona che ne abbia fatto richiesta.

Parte centrale dell'insegnamento del seminario di secondo livello sono i tre simboli Reiki, alle quali sarà dedicato uno specifico paragrafo.

I tre simboli costituiscono gli strumenti di comando dell'Energia. Sono il linguaggio simbolico, sottile, mentale dell'Energia. Essi rispondono alla «volontà» del canale, ogni qualvolta vengono tracciati con la mano o con la mente. Se nel primo livello era necessario il contatto fisico delle mani del canale con il ricevente, per irradiarlo di Energia, ora, nel secondo livello, ciò non è più richiesto. L'utilizzo dei simboli Reiki, azione puramente mentale, consente al canale di irradiare il ricevente al di là dei vincoli materiali, spaziali e temporali. Se nel primo livello era necessario il contatto con la «materia» del ricevente, ora, nel secondo livello, è sufficiente «il simbolo», «l'immagine mentale» del ricevente per realizzare la canalizzazione.

È evidente la dilatazione della libertà d'azione «energetica» del canale di secondo livello. Questa «potenza» deve avere il suo contrappeso nella consapevolezza, nella responsabilità e nella purezza degli intenti del canale. E il Master Reiki, nella sua libertà e responsabilità di scelta, deve accertare «tracce» di queste qualità nel richiedente prima di ammetterlo al seminario di secondo livelllo.

Per la loro natura sottile e per la loro potenza, i simboli Reiki devono essere considerati sacri e mantenuti segreti. I partecipanti dovranno *completamente* memorizzarli in modo tale che a conclusione del seminario siano capaci di tracciarli in aria con la mano o con la mente. A tal fine una parte del seminario sarà dedicato alle esercitazioni di memorizzazione dei simboli.

L'iniziazione al secondo livello, diversamente da quella di primo livello, viene effettuata in un'unica volta. Con l'iniziazione, i simboli Reiki diventano attivi e da quel momento sono «al servizio» del canale di secondo livello.

Le tecniche di canalizzazione di secondo livello, tutte basate sull'utilizzo dei simboli, possono essere così sintetizzate:

- autotrattamento mentale (a contatto)
- trattamento mentale (a contatto)
- trattamento a distanza (in tempo reale o post datato nel futuro)

L'oggetto di questo trattamento è «l'oggetto» del nostro pensiero; è ciò che abbiamo simboleggiato o visualizzato con la nostra mente.

Quindi «tutto» può essere trattato: se stessi, un'altra persona, un animale, una pianta, una cosa, una situazione.

Queste tecniche sono ampiamente descritte in specifici paragrafi.

I SIMBOLI REIKI

Dopo l'iniziazione di primo livello, cominciando a operare i trattamenti, si diventa testimoni dei cambiamenti e delle trasformazioni da questi apportati. Notiamo lo stato di rilassamento, di benessere, di pace, di calma e serenità, la graduale e continua apertura alla Vita e all'Universo, il dissolvimento dei piccoli e grandi sintomi, la percezione di sensazioni, «fisiche» e «non fisiche», intense e coinvolgenti eccetera. E notiamo che tutto ciò avviene senza visibili trasferimenti di «sostanza» e indipendentemente dalle nostre eventuali conoscenze curative specifiche dei sintomi trattati: «semplicemente» con il contatto delle nostre mani e niente altro!

Non c'è la spiegazione razionale, di causa ed effetto, della trasformazione, della dinamica, dell'evoluzione cui assistiamo e di cui siamo partecipi. È esperienza innegabile; un dato di fatto ma non spiegabile.

Non riusciamo a individuare la forza che genera questo movimento, dentro e fuori di noi, dentro e fuori dalle piante, dentro e fuori dagli animali e dentro e fuori dalle cose. Avvertiamo che questa forza, emanata dalle nostre mani, è sempre benefica, è sempre positiva, curativa, amorosa con tutto e con tutti. Non fa distinzione.

Constatiamo che altre persone iniziate al Reiki hanno esperienze simili alle nostre. Le loro mani possiedono capacità curative, calmanti, rilassanti, trasformatrici, evolutive come le nostre.

L'esperienza con i trattamenti di primo livello fa emergere una diversa percezione di noi stessi, degli altri e di tutto ciò che ci circonda. Non è un'acquisizione intellettuale, razionale, esterna. Viene dal di dentro, viene attraverso di noi, è un dato che manifestandosi ci modifica e ci porta a un piano superiore di consapevolezza e dell'essere.

Ci sentiamo cambiati. Non ci percepiamo più irrimediabilmente confinati nel nostro corpo fisico. La nostra capacità di connessione con gli altri e con il tutto non è limitata dai nostri corpi materiali. L'aspetto materiale profondamente radicato in noi non è poi l'unica dimensione di esperienza e di percezione, di conoscenza e di evoluzione.

C'è una dinamica sottile e invisibile di cui noi facciamo parte. E questa dinamica, anche se invisibile, non ci pone il dilemma, l'ostacolo, la prova del visibile-invisibile per essere accettata. Semplicemente c'è in quanto lo sperimentiamo. È parte di noi. È costantemente là, con noi, dentro e fuori di noi.

In questo contesto, l'esperienza, la percezione di quel «qualcosa» che sentiamo fluire attraverso di noi e irradiarsi nel ricevente modificano e trasformano noi e il ricevente, portando inevitabilmente a sentire questo «qualcosa» come Amore, Luce, Forza. Amore che abbraccia e accoglie anche il nostro disamore, Luce che illumina anche il nostro buio e Forza che comprende anche la nostra debolezza. Percepiamo che, semplicemente, «l'Energia c'è!».

Riscopriamo e ritroviamo, questa volta dentro di noi, quello che avevamo letto o sentito dire: noi siamo canali dell'Energia. Cominciamo così a penetrare il mistero dell'Energia. Mistero impenetrabile, se non avessimo fatto l'esperienza dei trattamenti che ci ha reso consapevoli e sensibili all'Energia modificandoci e aprendoci dal di dentro. Il mistero dell'Energia o meglio, o forse, il nostro mistero. Cosa pensiamo di essere? Cosa siamo convinti di essere? Queste domande ci fanno capire che abbiamo già percorso un cammino ma che c'è dell'altro.

L'iniziazione al primo livello Reiki e i conseguenti trattamenti, quindi, ci hanno messo in moto, in evoluzione, indicandoci che c'è un percorso.

Forse a questo punto sentiamo l'esigenza di accedere al secondo livello Reiki. Con l'iniziazione al secondo livello ci vengono dati i simboli Reiki. Sono strumenti di lavoro con l'Energia. Strumenti di interazione con l'Energia. Strumenti di comando dell'Energia.

Primo simbolo Reiki: tracciando questo simbolo, con la mano o con la mente, comandiamo all'Energia di fluire più intensamente.

Secondo simbolo Reiki: tracciando questo simbolo, con la mano o con la mente, comandiamo all'Energia di irradiare, attraverso le nostre mani, la dimensione mentale del ricevente.

Questa dimensione comprende i pensieri, le emozioni, le convinzioni mentali profonde, tutto ciò che costituisce gli elementi della dinamica esistenziale del ricevente nella sua attuale incarnazione.

Terzo simbolo Reiki: tracciando questo simbolo, con la mano o con la mente, comandiamo all'Energia di irradiare, attraverso le nostre mani e senza il contatto fisico diretto, l'oggetto del nostro pensiero.

L'oggetto del nostro pensiero possiamo essere noi stessi, una zona del nostro corpo fisico scomoda da trattare con le nostre mani, una persona distante o assente, il piano mentale di una persona distante o assente, un animale distante o assente, una pianta, una situazione passata, presente o futura.

L'uso di questi simboli, attraverso i trattamenti di secondo livello, ci porta a un'esperienza con l'Energia, più intensa, più profonda e più totale. Sentiamo e sperimentiamo che «l'Energia ci obbedisce». E questo spinge alla consapevolezza ancora più intima della nostra connessione con l'Energia.

Nella prima fase del lavoro con l'Energia, nel primo livello, il nostro ruolo era quello di spettatore, di sperimentatore probabilmente passivo anche se in cammino. Abbiamo cominciato a scoprire l'Energia e le sue manifestazioni.

Dopo l'iniziazione al secondo livello tutto ciò piano piano muta. Il lavoro con i simboli ci porta alla consapevolezza più ampia del nostro essere.

Non siamo esseri totalmente passivi. Non siamo comandati, influenzati irrimediabilmente e senza possibilità di intervento, di azione. La nostra volontà ha lo spazio della sua manifestazione. Mediante i simboli Reiki la nostra volontà può manifestarsi. Percepiamo così che i nostri pensieri sono potenti. Hanno forza. Possono incidere e comunque incidono sulla manifestazione delle cose e degli eventi. E poi non siamo soltanto un prodotto dell'evoluzione universale. Noi con i nostri pensieri, i nostri atteggiamenti, la nostra volontà modifichiamo continuamente l'evoluzione dell'Universo. Noi siamo anche l'evoluzione dell'Universo. Noi siamo anche l'Universo. Facciamo parte dell'Universo e non siamo scissi e separati da esso. L'Universo nella sua evoluzione non può fare a meno di noi. E così piano piano saliamo con il nostro corpo fisico la scala sottile, tutta immersa nell'invisibile.

IL TRATTAMENTO MENTALE

Il Trattamento mentale è un'esperienza delicata, sottile, profonda. La sua pratica mette sempre più in evidenza la nostra capacità di lavorare con l'Energia nella dimensione sottile e specificamente nella dimensione sottile della mente.

Il Trattamento mentale consente di irradiare con l'Energia il piano mentale del ricevente: il luogo dei suoi pensieri, delle sue emozioni e delle sue convinzioni. Luogo invisibile. Luogo in cui nascondiamo le nostre ferite più profonde. Luogo in cui decidiamo le nostre strategie di sopravvivenza e quindi i nostri atteggiamenti verso tutto ciò che ci circonda. Luogo in cui decidiamo come essere e come non-essere, come apparire e come non-apparire. Luogo in cui scegliamo cosa è il bene e cosa è il male per noi. Luogo in cui cominciamo dalla tenerissima età a definire cosa è l'amore e cosa è l'odio per noi, quando dare e quando ricevere, quanto dare e quanto ricevere, quando abbracciare e quando respingere, quando lottare e per cosa lottare. È il luogo dove operiamo la nostra dualità, la nostra divisione, la nostra separazione dalla unità originaria. È il luogo dove cominciamo a negarci, a separarci da noi stessi e dagli altri. È un luogo invisibile ma reale. Tutto ciò che decidiamo in questo luogo si manifesta poi nel tempo e nello spazio. E la manifestazione assume spesso il volto del dolore, della sofferenza, del disagio che poi noi definiamo depressione, esaurimento, fobie, tristezza, stress, disturbo psicosomatico.

Il Trattamento mentale connette questo luogo con l'Energia, con la Luce, con l'Amore. Lo rende «visibile» al ricevente. Spinge alla consapevolezza che il male, il disagio «mentale» in tutte le sue forme, le sue intensità sopportabili e non-sopportabili, è semplicemente la rottura, la scissione della propria unità e della propria connessione con il Tutto. Il Trattamento mentale porta il Tutto là dove è avvenuta la scissione. Porta l'Amore là dove si è rinunciato all'amore. Porta la Luce là dove si è fatto il buio.

Per eseguire il Trattamento mentale vengono utilizzati il primo e il secondo simbolo Reiki. Questi, come pure il terzo simbolo, sono da considerarsi simboli sacri, segreti.

Ci vengono dati con l'iniziazione al secondo livello, dopo il contatto con l'Energia e la sua conoscenza avvenuta con i trattamenti di primo livello, dopo che abbiamo iniziato a percorrere il nostro cammino di purificazione nei piani sottili. I simboli sono strumenti che accelerano ulteriormente la nostra purificazione.

La loro segretezza e sacralità provengono proprio dall'importanza, dal valore e dalla consapevolezza del lavoro sottile che stiamo facendo e degli strumenti che utilizziamo per questo scopo. Strumenti potenti per un lavoro delicato. La segretezza e il silenzio dei simboli sono necessari per non disperdere a ogni folata di vento i semi gettati.

I Trattamenti mentali, così come tutti i trattamenti di secondo livello, dovranno essere effettuati in modo da non rendere visibile a tutti quelli che non hanno ricevuto l'iniziazione al secondo livello i simboli Reiki tracciati. In casi particolari di necessità e di urgenza dobbiamo eseguire «mentalmente» tutto ciò che dovrebbe essere fatto con «le mani».

Come abbiamo visto, con l'iniziazione al secondo livello, entra in scena la nostra «volontà» attraverso l'uso dei simboli Reiki. Ora abbiamo in mano strumenti energetici e «l'Energia ci risponde» quando questi vengono «volontariamente» utilizzati.

In particolare, col secondo simbolo stabiliamo una diretta connessione con il piano mentale del ricevente, una connessione dei piani sottili che ci coinvolge. La purezza delle intenzioni e degli scopi del trattamento diviene fondamentale. Dobbiamo lavorare con atteggiamento impersonale al solo bene del ricevente con la consapevolezza di non sapere nulla di cosa possa o debba essere il suo bene. Lavorando con l'Energia non dobbiamo più preoccuparci di forzare, con la nostra volontà, il bene altrui. Tutto ciò che dobbiamo e possiamo fare è offrire l'Energia. Dobbiamo lavorare nella Luce e con la Luce con atteggiamento di profonda umiltà e fiducia in essa.

Il Trattamento mentale, come tutti i trattamenti di secondo livello, è di breve durata. L'uso del primo e del terzo simbolo, in quanto strumenti di concentrazione dell'Energia e di connessione diretta con il piano mentale del ricevente, consentono una efficacia del lavoro energetico che porta alla riduzione dei tempi necessari. Il tempo minimo richiesto è di circa 15 minuti. Con la sensibilità derivante dalla pratica, guidati dall'intuizione, questo tempo può anche essere allungato.

È consigliabile, come per il trattamento completo di primo livello, eseguire, quando possibile, quattro trattamenti mentali, uno al giorno per quattro giorni consecutivi. Eventualmente in funzione del movimento energetico che si manifesta e con il consenso del ricevente potremo proseguire con ulteriori trattamenti.

La pratica del Trattamento mentale

Per l'esecuzione del Trattamento mentale (Fig. 13), il ricevente è seduto comodamente, avendo la schiena diritta, le mani

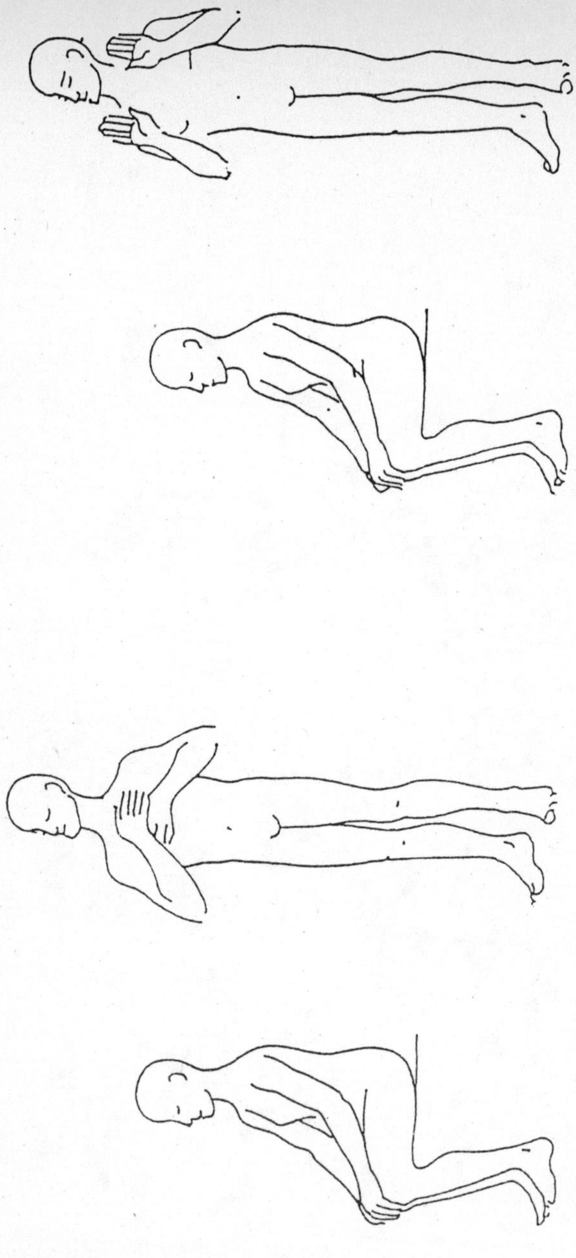

Fig. 13 a – Trattamento mentale (1).

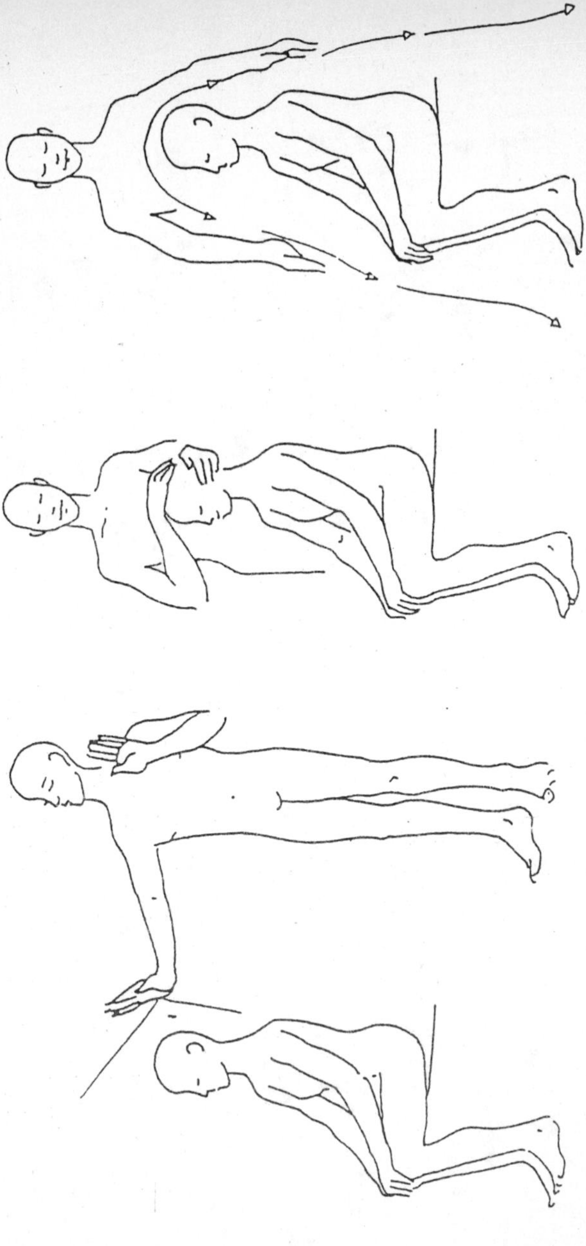

Fig. 13 b – Trattamento mentale (2).

appoggiate comodamente sulle gambe, i piedi (possibilmente senza scarpe) ben appoggiati a terra, le gambe non incrociate e gli occhi chiusi. In caso di particolari impedimenti fisici oppure quando vogliamo integrare il Trattamento mentale con quello completo di primo livello, il ricevente potrà anche sdraiarsi. Ecco la sequenza:

1. Mettersi alle spalle del ricevente e fare la centratura nel Cuore.

2. Rivolgere i palmi delle mani verso le spalle del ricevente.

3. Con la mano destra, tracciare, dietro la testa del ricevente, dapprima, il secondo simbolo e pronunciare mentalmente per tre volte il relativo mantra, quindi, il primo simbolo e pronunciare mentalmente per tre volte il relativo mantra.

4. Portarsi alla destra del ricevente e posizionare la propria mano sinistra sulla sua nuca e la destra sulla sommità della sua testa con le punte rivolte verso il basso a formare una T con la sinistra.

5. Senza sollevare la mano destra, tracciare, sulla testa del ricevente, dapprima il secondo simbolo e pronunciare per tre volte il relativo mantra, quindi, il primo simbolo e pronunciare per tre volte il relativo mantra.

6. Pronunciare mentalmente per tre volte il nome del ricevente.

7. Visualizzare la Luce che entra dalla nostra sommità e fluisce attraverso di noi. Questa Energia ci purifica e ci prepara alla successiva canalizzazione sul piano mentale del ricevente.

8. Quando ci sentiamo pronti e connessi all'Energia, visualizziamo la Luce che, irradiandosi dalle nostre mani, permea e avvolge il ricevente.

Lasciamo fluire l'Energia. Se percepiamo che non scorre liberamente, intensifichiamo il suo flusso, tracciando, sempre con la mano destra e senza staccarla, il primo simbolo e ripetendo mentalmente il relativo mantra per tre volte.

9. Quando percepiamo che sia sufficiente, e comunque non prima di 15 minuti, comunichiamo mentalmente al ricevente la nostra intenzione di concludere il trattamento.

11. Ringraziamo l'Energia, stacchiamo dolcemente le nostre mani, accarezziamo l'aura del ricevente, per tre volte dall'alto verso il basso e chiudiamo il contatto energetico sfregandoci le mani.

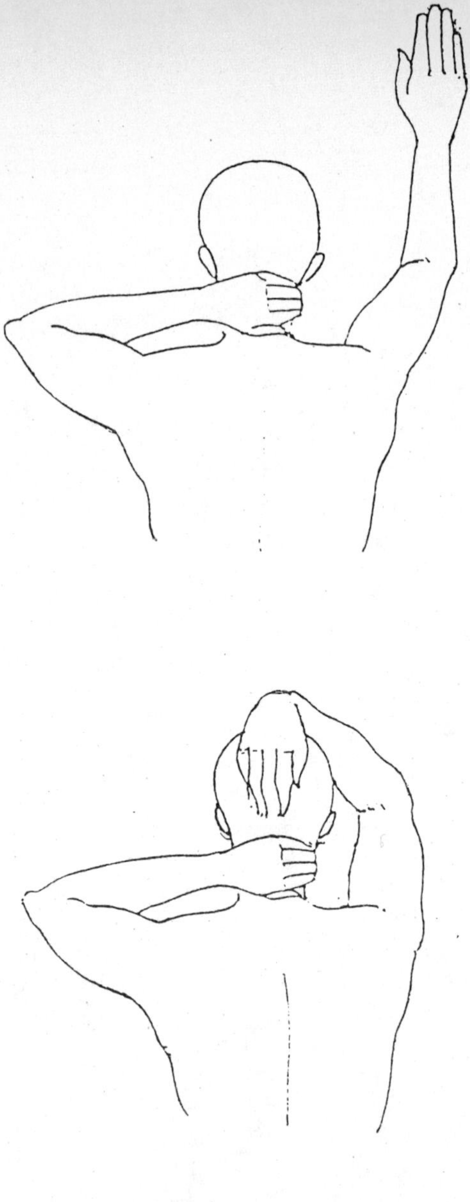

Fig. 14 – Autotrattamento mentale.

La pratica del Trattamento mentale combinato col Trattamento completo

I trattamenti di secondo livello, come pure quelli di primo livello, rappresentano percorsi minimi, tracciati di lavoro, per quelli che iniziano la propria esperienza energetica nello specifico livello Reiki.

Con l'iniziazione al secondo livello e la «presa in mano» dei simboli Reiki, la nostra capacità di intervento e di lavoro con l'Energia viene notevolmente enfatizzata e rafforzata. Con la pratica dei trattamenti verrà sicuramente il momento in cui spontaneamente procederemo alla combinazione dei trattamenti di secondo livello tra di loro e con quelli del primo livello.

L'esigenza di «guarigione» specifica del ricevente, il suo atteggiamento, la disponibilità di spazio e di tempo e soprattutto la nostra sensibilità energetica porteranno alla scelta «intuitiva» del trattamento, anche combinato, da effettuare.

Di seguito riportiamo una proposta di combinazione del Trattamento mentale col Trattamento completo di primo livello:

1. Far sedere comodamente il ricevente nello stesso luogo dove successivamente, in posizione sdraiata, eseguirete il Trattamento completo.
2. Eseguire dapprima il Trattamento mentale, come descritto nel paragrafo precedente, senza effettuare l'accarezzamento finale dell'aura.
3. Mantenendo le mani a contatto, far sdaiare il ricevente.
4. Proseguire con le posizioni del Trattamento completo, senza effettuare l'accarezzamento finale dell'aura.
5. Ritornare alla posizione del Trattamento mentale (mano sinistra sulla nuca e mano destra sulla testa), soffermarsi per il tempo ritenuto necessario e quindi chiudere il trattamento ringraziando l'Energia, staccando dolcemente le mani, accarezzando l'aura del ricevente, per tre volte, dalla testa ai piedi e per ultimo sfregando le mani.

Scegliamo un luogo in cui non saremo disturbati per tutta la durata del trattamento. Ci sediamo comodamente, con la schiena diritta, le gambe non incrociate, i piedi ben appoggiati a terra e gli occhi chiusi per favorire un maggior contatto con la propria interiorità e con l'Energia (Fig. 14).

1. Fare la centratura nel Cuore.
2. Portare la mano sinistra a contatto con la nuca e la mano destra aperta, davanti a sé, all'altezza della propria testa.
3. Tracciare, dapprima, con la mano destra, il secondo simbolo e pronunciare il relativo mantra per tre volte e, quindi, il primo simbolo e pronunciare il relativo mantra per tre volte.
4. Appoggiare la mano destra sulla testa con le punte rivolte verso il basso a formare una T con la mano sinistra.
5. Tracciare, dapprima, con la mano destra, senza staccarla, sulla propria testa, il secondo simbolo e pronunciare per tre volte il suo mantra e, quindi, il primo simbolo e pronunciare per tre volte il suo mantra.
6. Visualizziamo l'Energia, la Luce, che, irradiandosi dalle nostre mani, ci avvolge e ci permea.

Lasciamo fluire l'Energia; se percepiamo che non scorre liberamente, intensifichiamo il suo flusso, tracciando il primo simbolo e ripetendo il relativo mantra per tre volte.

7. Quando percepiamo che sia sufficiente, e comunque non prima di 15 minuti, chiudiamo il contatto energetico ringraziando l'Energia.

IL TRATTAMENTO A DISTANZA

Le nostre mani. Con le nostre mani abbracciamo, stringiamo altre mani, afferriamo, tocchiamo, accarezziamo, lavoriamo. Da sempre le abbiamo considerate, vissute, come nostri strumenti di contatto, di connessione, di conoscenza, di interazione con tutto ciò che ci circonda.

Come altri sensi «fisici», anche le nostre mani ci radicano nel piano materiale, visibile e tangibile. Tutto ciò che tocchiamo c'è!

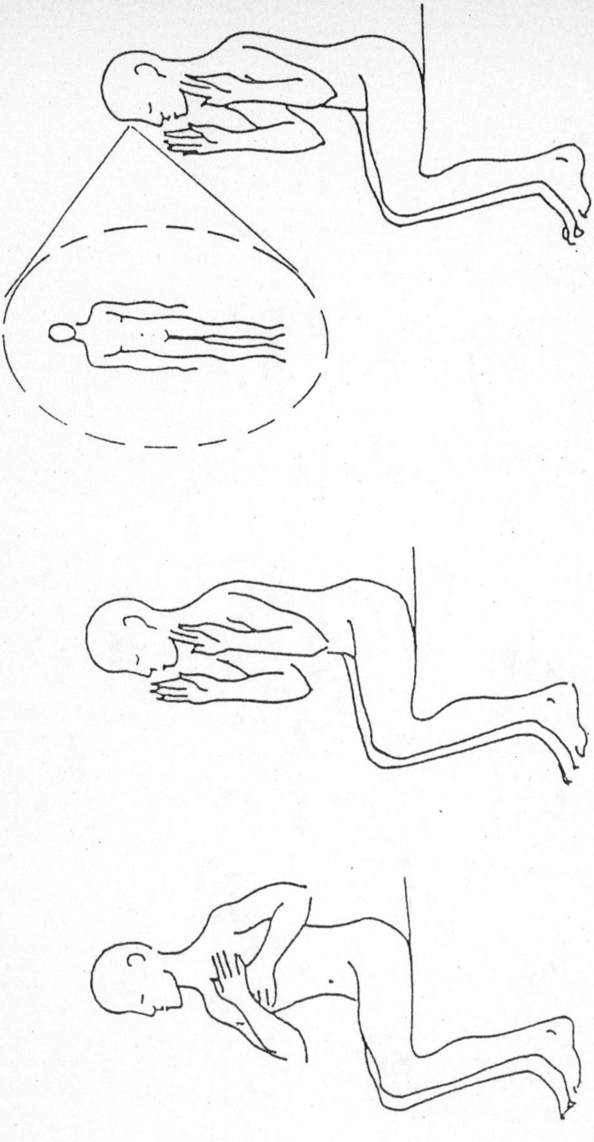

Fig. 15 a – Trattamento a distanza (1).

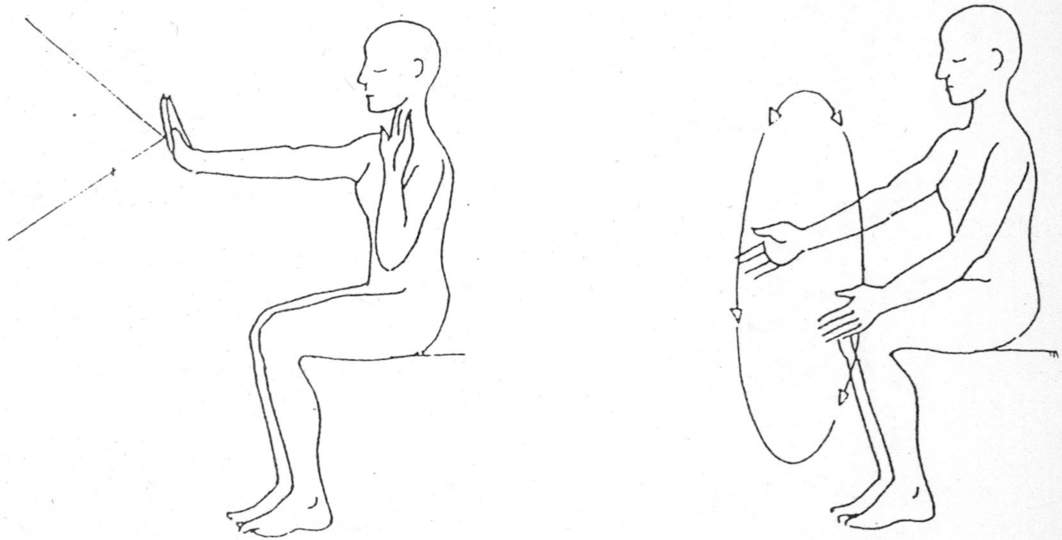

Fig. 15 b – Trattamento a distanza (2).

Tutto ciò che vediamo c'è! E tutto ciò che non tocchiamo non c'è!

I trattamenti di primo livello partono esattamente da questo punto. Si basano sul contatto fisico delle nostre mani col ricevente. È il punto di partenza più semplice e più «naturale» e meno conflittuale per noi. Con le nostre mani a contatto, stabiliamo la connessione con l'altro e attraverso questa connessione «fisica» canalizziamo l'Energia. Diventiamo così dei canali, che hanno ancora bisogno di un punto d'appoggio.

Questa condizione «sicura» e «solida» ci permette di iniziare ad «alzare la testa» nel piano sottile. Le sensazioni, le visioni, le percezioni che sperimentiamo con i trattamenti di primo livello, ci conducono ad aprirci a questo piano invisibile. Anche con le nostre mani a contatto, ben appoggiate sul piano fisico-materiale, «qualcosa» di immateriale comincia ad apparire. È come se scoprissimo che siamo anche dotati di organi sottili, non fisici. È l'apertura all'invisibile che c'è dentro e fuori di noi.

Col Trattamento mentale, le nostre mani restano ancora a contatto, nel piano materiale. Il primo e secondo simbolo Reiki ci conducono oltre, nell'esperienza del sottile. Con questi strumenti la nostra «volontà» ci porta alla connessione col piano mentale del ricevente, che è un piano sottile. E così la nostra esperienza del sottile si arricchisce, si rafforza e si approfondisce, ma abbiamo ancora le mani a contatto.

Con il Trattamento a distanza ci viene proposto di «togliere le mani» dal contatto. È una affascinante esperienza nel sottile. Entriamo con questo trattamento nella profondità di questo piano. Dobbiamo fare a meno, liberarci, del supporto materiale per poter avanzare nel cammino intrapreso. E per fare questo ci viene dato uno strumento che è il terzo simbolo Reiki. Questo strumento, simbolico, energetico, sostituisce le nostre mani, quelle «fisiche». Il nostro pensiero, la nostra volontà di connessione diventano le nostre «nuove» mani. La connessione col ricevente, con gli altri, con tutti gli altri e con il Tutto sale al piano sottile della mente, non resta più confinata, ancorata soltanto alla connessione «fisica».

La materialità, la fisicità, l'apparenza, pian piano, acquistano una qualità relativa. Non perdono valore e importanza, ma lasciano spazio anche all'immaterialità, all'invisibilità. Non sono più assoluti, non sono più qualità assolute. Traspare sempre più chiaramente un secondo piano, simbolico, sottile, parallelo, di cui noi siamo parte, in cui noi possiamo agire, intervenire, in cui la nostra volontà ha gli strumenti per connettersi, per interagire con tutti e con il Tutto.

La distanza e il tempo diventano un punto di vista, non unico, del piano dell'esperienza terrena; diventano qualità e aspetti legati alla materialità della nostra esperienza «fisica». Iniziano a relativizzarsi, non sono più così assoluti.

Con il Trattamento a distanza possiamo connettere con l'Energia noi stessi o un ricevente, ed eseguire un trattamento completo di primo livello, o un trattamento veloce oppure un trattamento mentale senza il contatto delle nostre mani, con la nostra volontà. Possiamo connettere con l'Energia una situazione presente in cui ci troviamo coinvolti e che forse ci preoccupa, portandovi Luce, Amore e Forza. Possiamo connettere con l'Energia un evento passato, forse doloroso, per portare Luce alle cause che l'hanno generato, aspettandoci la sua guarigione. Possiamo connettere quindi con l'Energia tutto ciò che desideriamo, tutto ciò che è oggetto dei nostri pensieri.

Col terzo simbolo «la nostra volontà» diventa potente o meglio scopriamo che la nostra volontà è potente, era potente e non ne eravamo consapevoli.

La nostra connessione con il Tutto è totale e abbiamo gli strumenti, i simboli Reiki, per interagire con esso, per farla evolvere. Siamo parte della evoluzione cosmica. Il nostro pensiero è causa dell'evoluzione cosmica. Siamo creatori oltre che creati.

Tanta luce ci inonderà con l'esperienza del Reiki. La nostra potenza verrà illuminata attraverso la nostra volontà. Ne prenderemo coscienza. E questa luce si proietterà anche sulla nostra umiltà, sulla nostra impersonalità e sulla nostra responsabilità. I trattamenti vanno fatti sempre con l'accordo esplicito e preventivo con il ricevente. Nel caso di lavori su situazioni personali in cui pure altri sono coinvolti, dobbiamo chiedere e aspettarci, oltre alla soddisfazione delle nostre intenzioni, del nostro bene, anche quella degli altri. Il nostro bene non deve mai richiedere il male degli altri. Dobbiamo sempre operare «volontariamente» nella Luce e con la Luce, per il massimo bene di Tutti. Proprio per l'uso «volontario» del primo simbolo, simbolo di concentrazione dell'Energia, il Trattamento a distanza risulta essere di breve durata. Un lavoro di 15 minuti circa rappresenta il minimo necessario, che potrà essere prolungato di volta in volta seguendo la propria intuizione, la propria sensibilità alla specifica dinamica energetica in corso.

Come per tutti i trattamenti «a contatto», anche per quelli «a distanza» è opportuno eseguire una serie di quattro trattamenti, ma al giorno per quattro giorni consecutivi. Ciò permetterà un afflusso costante di Energia, mantenendo a caldo il processo di guarigione in corso che altrimenti rischierebbe di raffreddarsi in caso di trattamenti «una tantum», con l'esigenza poi di dover ripartire da capo.

Il Trattamento a distanza dovrà effettuarsi in modo tale da non rendere visibile a terzi, a quelli che non hanno ricevuto l'iniziazione al secondo livello, i simboli Reiki tracciati. In casi particolari di necessità e di urgenza, quando ci troviamo insieme ad altri, dobbiamo eseguire « mentalmente» tutto ciò che dovrebbe essere fatto con «le mani».

La pratica del Trattamento a distanza

Scegliamo un luogo in cui non saremo disturbati per tutta la durata del trattamento. Ci sediamo comodamente, in modo da non dover modificare la nostra postura in seguito (Fig. 15).

1. Chiudendo gli occhi, ci centriamo nel Cuore, stabilendo la connessione con il nostro silenzio, con la nostra calma, con la nostra Anima.

2. Apriamo le nostre mani davanti a noi.

3. Visualizziamo il ricevente, davanti a noi, «fisicamente presente».

Questa immagine mentale sostituirà, per tutto il trattamento, il ricevente «assente», fungendo da ponte verso di lui. Di seguito faremo ancora riferimento al «ricevente», anche se intendiamo, per esso, la sua immagine mentale che abbiamo visualizzato.

4. Tracciamo sul ricevente con la mano dapprima il terzo simbolo pronunciando per tre volte il relativo mantra, quindi il primo simbolo pronunciando per tre volte il relativo mantra.

5. Pronunciamo per tre volte il nome del ricevente.

6. Chiediamo mentalmente al ricevente il permesso di inviare

l'Energia.

In caso di risposta positiva, proseguiamo. Nel caso, però, di risposta negativa, che si manifesta sovente con la visione o con la percezione del ricevente in atteggiamento respingente, accarezziamo la sua aura e chiudiamo il contatto energetico sfregandoci le mani.

7. Visualizziamo l'Energia, la Luce, che, irradiandosi dalle nostre mani, avvolge e permea il ricevente. Lasciamo fluire l'Energia; se percepiamo che non scorre liberamente, intensifichiamo il suo flusso, tracciando, sul ricevente, il primo simbolo e ripetendo il relativo mantra per tre volte.

8. Quando percepiamo che sia sufficiente, e comunque non prima di 15 minuti, comunichiamo, mentalmente, al ricevente la nostra intenzione di concludere il trattamento.

9. Ringraziamo l'Energia, stacchiamo dolcemente le nostre mani, accarezziamo l'aura del ricevente, per tre volte dall'alto verso il basso e chiudiamo il contatto energetico sfregandoci le mani.

Se non conosciamo personalmente il ricevente, sarà necessario disporre di una sua fotografia per poterlo visualizzare durante il trattamento. Nel caso invece che anche ciò non sia possibile, visualizzeremo, al punto tre, la persona che ci ha chiesto il trattamento e che ha fatto da tramite. Mediante lui invieremo l'Energia alla persona sconosciuta.

Seguendo i passi del trattamento appena descritto, in generale, possiamo trattare a distanza qualsiasi cosa: noi stessi, un animale, una pianta, un oggetto eccetera. Sarà sufficiente visualizzare l'immagine dell'oggetto del trattamento, e omettendo i passi non necessari, procedere secondo lo schema proposto.

La pratica del Trattamento mentale a distanza

La sequenza è fondamentalmente quella indicata nel paragrafo precedente, a proposito del Trattamento a distanza. Occorre però fare alcune aggiunte per la specificità del trattamento «mentale» che vorremmo eseguire a distanza.

Al punto 4: dopo la connessione a distanza col ricevente, che realizziamo tracciando il terzo e il primo simbolo, dobbiamo connetterci col suo piano mentale. Quindi, dobbiamo tracciare anche il secondo simbolo, pronunciare per tre volte il relativo mantra, tracciare il primo simbolo e pronunciare per tre volte il relativo mantra.

Al punto 7: come nel trattamento mentale «a contatto», anche per quello «a distanza», prima di iniziare la canalizzazione dell'Energia al ricevente, visualizziamo la Luce che entra dalla sommità del nostro capo e fluisce attraverso di noi. Ciò sarà necessario per purificarci e prepararci alla trasmissione dell'Energia sul piano mentale del ricevente.

La pratica del Trattamento a situazioni personali

Scegliamo un luogo in cui non saremo disturbati per tutta la durata del trattamento. Ci sediamo comodamente, posizionandoci in modo tale da non dover modificare la nostra postura in seguito.

1. Ci centriamo nel Cuore, stabilendo la connessione con il nostro silenzio, con la nostra calma, con la nostra Anima.
2. Apriamo le nostre mani davanti a noi.
3. Visualizziamo davanti a noi, «fisicamente presente», la situazione che vogliamo trattare.
4. Tracciamo con la mano, sulla situazione visualizzata, dapprima, il terzo simbolo e pronunciamo per tre volte il relativo mantra, quindi, il primo simbolo e pronunciamo per tre volte il relativo mantra.
5. Visualizziamo l'Energia, la Luce che, irradiandosi dalle nostre mani, avvolge e permea la situazione visualizzata. Lasciamo fluire l'Energia; se percepiamo che non scorre liberamente, intensifichiamo il suo flusso, tracciando con la mano, sulla situazione visualizzata, il primo simbolo, pronunciando per tre volte il relativo mantra.
6. Quando percepiamo che sia sufficiente, e comunque non prima di 15 minuti, ringraziamo l'Energia e chiudiamo il contatto sfregandoci le mani.

La pratica del Trattamento a distanza programmato nel tempo

Tutti i trattamenti a distanza, fin qui descritti, sono trattamenti «in tempo reale», la nostra attività di canalizzazione avviene contemporaneamente alla irradiazione del ricevente.

Per le più diverse ragioni, possono capitare situazioni in cui non possiamo fare il trattamento in tempo reale. Ad esempio, quando la disponibilità a ricevere il trattamento non coincide con la nostra disponibilità di tempo a fare il trattamento; oppure nel caso di trattamento su una situazione personale, quando la situazione in oggetto si verifica nel futuro e non possiamo, in quel momento, eseguire il trattamento in quanto in essa coinvolti.

È utile quindi poter «programmare nel tempo» il trattamento a distanza, eseguendo l'attività di canalizzazione in un dato momento e comandando che la trasmissione, la messa in onda, avvenga successivamente, in differita.

La sequenza, per la pratica dei trattamenti a distanza «ritardati» è identica a quella riportata a proposito dei singoli trattamenti a distanza «in tempo reale», precedentemente esposti; in ciascuno di questi occorre, però, attivare la programmazione temporale.

Per fare questo, dopo aver tracciato i simboli di connessione, inseriamo la nostra intenzione, formulata eventualmente nel modo seguente: «Comando all'Energia di l'irradiare dalle... (ora) del... (la data completa), alle...(ora) del...(la data completa)» e di seguito tracciamo, con la mano sull'immagine visualizzata, il primo simbolo pronunciando poi il relativo mantra per tre volte.

La pratica del Trattamento di gruppo a distanza

La presenza contemporanea di più canali di secondo livello che operano tutti insieme, in unione, sul medesimo «oggetto», mette in moto un notevolissimo afflusso di Energia, che può essere di grande beneficio in particolari situazioni. Un gruppo di persone, una famiglia, una comunità oppure una nazione, in difficoltà, che hanno bisogno di un forte apporto energetico per la propria guarigione, non sono che alcuni esempi di queste situazioni.

1. Tutti i partecipanti al gruppo di trattamento si metteranno seduti comodamente, formando un cerchio.

2. Eseguire tutti insieme la centratura nel Cuore.

3. Portare le mani, aperte, davanti a se stessi con i palmi rivolti verso il centro del cerchio.

4. Visualizzare, al centro del cerchio, «fisicamente presente», la situazione che si vuole trattare.

5. Eseguire tutti insieme, dapprima il terzo simbolo e quindi il primo simbolo, tracciandoli sempre sulla situazione visualizzata e pronunciando i relativi mantra per tre volte.

6. Visualizzare la Luce, l'Energia che irradiandosi dalle proprie mani avvolge e permea la situazione visualizzata.

7. Concludere il trattamento, non prima di 15 minuti, ringraziando l'Energia e sfregando le mani.

Capitolo 5

IL LIVELLO DEL MASTER REIKI

Il terzo e ultimo livello è il livello del «maestro», del Master Reiki, di colui che ha il «potere di iniziare gli altri», «il potere di sintonizzare gli altri all'Energia universale» e di trasmettere l'Insegnamento del Reiki.

Questo «potere» viene attivato con una specifica iniziazione, quella relativa al terzo livello, operata da un Master Reiki, durante il relativo seminario.

Con il terzo livello cambia ulteriormente la prospettiva, il piano di esperienza, del canale di secondo livello rispetto a quello precedentemente vissuto.

Si ha il «potere» di iniziare canali di primo e di secondo livello, nonché nuovi «maestri». L'azione del canale di terzo livello si rivolge verso una moltitudine di persone. L'interazione con tutte le loro dimensioni sottili, con le loro «essenze», anche e soprattutto al di là del «visibile», attraverso questo «potere», impone al Master Reiki un livello di consapevolezza di Sé il più alto possibile, il più profondo possibile.

La verità «come in alto, così in basso» lo coinvolgerà costantemente e totalmente.

L'integrità, la responsabilità, la coscienza, l'impersonalità, l'onestà, l'umiltà, la purezza, l'Amore sono qualità che illumineranno costantemente il suo operato, il suo cammino.

E così un'altra verità, quella del karma, della legge di causa ed effetto, del «raccoglierai ciò che semini», lo coinvolgerà costantemente e totalmente.

Quando si pensa agli Angeli si hanno vari atteggiamenti. Alcuni si pongono il problema, prima di tutto della loro realtà, esistenza, mentre altri, meno increduli, vorrebbero vederli ed avere un contatto con loro. Si pensa come possano comparire e come sono rappresentati e raffigurati e come possiamo fare per vederli. Prima di tutto occorre capire dentro il nostro cuore cosa ci spinge a voler percepire tali Entità. Se si è soltanto spinti dalle mode e dal gioco allora diventerà un atteggiamento molto negativo poiché la superficialità viene sempre condannata. Ciò che dobbiamo capire è che gli Angeli fanno realmente parte della nostra vita e che vogliono aiutarci con il loro infinito amore.

Forse non pensiamo mai che il mezzo più immediato, forse più logico, anche se è un termine piuttosto razionale, ma il mezzo più giusto per cercare il contatto con l'Universo o con Dio è proprio «sentire» il nostro Angelo. È proprio nella vita quotidiana che egli ci guida, ci suggerisce, ci aiuta in modo del tutto invisibile. L'amore che ci dà è grande e alcuni sentono la presenza a volte sotto forma di una vicinanza energetica. Questo è uno dei tanti modi di irradiarci e di donarci amore. Forse non riusciamo ancora a renderci conto del bene che svolgono tali Entità celesti per l'umanità e per il nostro pianeta, soprattutto in questi che sono anni cruciali di scelta per l'uomo che dovrebbe iniziare un nuovo modo di concepire l'esistenza alla soglia del Terzo millennio.

Per iniziare un contatto angelico occorre prima di tutto purificare il nostro cuore e il nostro animo dai pensieri e dagli atteggiamenti negativi.

Il Reiki è una tecnica che porta a chi la pratica e a chi la riceve ad una purificazione, dapprima in modo molto semplice quindi iniziando con dei leggeri cambiamenti e con una migliore circolazione energetica e poi trasformando piano piano l'individuo sottilmente facendolo evolvere secondo il proprio cammino. La costante e continua pratica del Reiki porta a sciogliere, a liberare in vari punti della nostra aura e anche ad arrivare a modificare l'energia stagnante che ritroviamo sul nostro corpo fisico. Ciò è spiegabile in maniera semplicistica ma è la base del decorso di ciò che comunemente viene menzionata con il gergo di «malattia». La centratura nel Cuore è un elemento molto importante che apre le nostre porte dell'Anima.

Il nesso tra purificazione con il Reiki e gli Angeli è sottile poiché è proprio con tale avvicendamento che si arriva a essere più sensibili, si arriva a sentire molto più facilmente i cambiamenti. Parecchie persone arrivano a centrare le mani sul cuore e a percepire facilmente, o avvertire il suggerimento di alcune parole che rispondono a dei nodi che avevano dentro. È un modo molto semplice di entrare in contatto con il nostro Angelo Custode che tutto sente e tutto sa, è un modo di ritrovare quella via che è dentro di noi e non riusciamo a capire.

I suggerimenti che possono pervenire non sono di carattere materiale, insomma gli Angeli non sono addetti all'espletamento dei nostri più semplici e tipici desideri inerenti alle nostre brame di possesso o di carriera. I loro messaggi riguardano l'alto contenuto della nostra esistenza, riguardano ciò che il nostro Sé superiore sa e che noi, molto spesso, non vogliamo ascoltare o perché risulta troppo faticoso o difficile. L'essere umano centra la propria vita solo sulle gratificazioni e sul maggior bisogno di potere e di ricchezza. Anche l'amore è ormai animato solo da una grande vuotezza di sentimenti, è solo un'immagine esteriore e ha perso il significato. Non si può arrivare a «sentire» se il nostro cuore è immerso in desideri di vendetta, o è pieno di odio, di rancori, di smanie di rivincite, insomma se non ci si libera da tutti quei sentimenti negativi che ci bloccano. Soprattutto si raccomanda che centrandosi emerga un sentimento di chiarezza con noi stessi, e di grande onestà. Se non ci si sente pronti, si deve aspettare e non avere fretta, il momento verrà.

Parte terza

I FIORI DI BACH

Capitolo 6

L'USO DELLA FLORITERAPIA

I Fiori del dottor Bach (1886 - 1936) furono creati da questo straordinario medico inglese nel 1930.

Egli passò attraverso diverse ricerche prima di arrivare a scoprire il potere che alcune piante possono esprimere. Dapprima lavorò come batteriologo, poi come omeopata e, seppur affermato all'età di quarantatré anni abbandonò una brillante e redditizia attività medica per la ricerca di un metodo di guarigione semplice e naturale. Fu così che partì per il Galles abbandonando sicurezze finanziarie e sociali. Camminando e osservando la natura incessantemente, intuì la stretta connessione che esisteva tra gli stati d'animo dell'uomo e il mondo vegetale, in particolare i fiori. Egli asseriva: «La vita della pianta è concentrata nel fiore, poiché esso contiene il seme potenziale». Nascevano così il *sun method* e il metodo di cottura. Con il primo metodo i fiori di tutte quelle piante che fioriscono nella tarda primavera, raccolti di mattina in una giornata di sole e senza nubi, vengono messi in un piatto pieno d'acqua di fonte in modo da coprire l'intera superficie del piatto. Quest'acqua, rimasta al sole impregnata dell'essenza delle piante, costituisce la base del preparato. Il metodo di cottura, invece, viene usato per i fiori degli alberi e dei cespugli la cui fioritura è molto precoce, nel senso che avviene quando il sole non ha ancora raggiunto una maggiore intensità. Una volta raccolti, vengono fatti cuocere costituendo la base del preparato. Ancora oggi i fiori vengono realizzati nello stesso luogo e con lo stesso procedimento.

Da sempre l'uomo ha usato le piante per scopi terapeutici, ma che cos'è che distingue il metodo usato dal dottor Bach da un qualsiasi metodo fitoterapico? È lui stesso che distingue le piante che guariscono, che sono la maggior parte delle piante officinali, da quelle che in realtà hanno virtù divine di guarigione e furono classificate in fitoterapia quasi sempre come erbacce. Tali proprietà di guarigione erano dovute al fatto che quelle piante erano del tutto spontanee e non coltivate e, soprattutto, nascevano in luoghi lontani dalla contaminazione dell'uomo. Infatti le stesse piante, se fossero state coltivate, avrebbero perso ogni proprietà. Il principio del suo metodo è che, al di là dell'involucro fisico, rimane l'essenza del fiore.

IL PENSIERO DI BACH

L'essere umano e la «malattia» secondo Bach

Per arrivare a capire come agiscono i Fiori di Bach, occorre capire il suo pensiero.

Egli concepisce l'uomo e la vita umana come parte di un più ampio piano creativo, perciò l'uomo è un individuo unico con una propria storia e personalità e contemporaneamente parte di un Tutto, al quale è collegato da una forza di vibrazione comune e superiore che alcuni identificano come «Energia universale» altri come Dio. In ogni uomo esiste una parte mortale, che è il suo corpo fisico, e una parte immortale, che è la sua Anima. Il Sé superiore non fa altro che collegare l'Anima, che conosce lo scopo dell'uomo nella presente vita, alla sua personalità. Lo scopo e il senso della vita vengono soprattutto espressi attraverso le qualità superiori che sono di natura «superiore» o trascendente, quali ad esempio la fortezza d'animo, la gioia, la volontà, la mitezza, la saggezza, il coraggio, la costanza eccetera. Esprimendo tali qualità si sviluppano realtà concrete di alta concezione e si realizzano scopi che fanno innalzare la nostra Anima.

Se non si esprimono, si arriva a provare sentimenti di infelicità, di odio, orgoglio e vendetta dai quali derivano all'interno dell'individuo i blocchi energetici che, in situazioni limite, non consentono alla propria coscienza di evolvere.

Per quanto riguarda la malattia Bach afferma che è il risultato del conflitto tra l'Anima e la Mente, e può essere vinta solo mediante uno sforzo spirituale. Dunque l'azione diretta solamente al corpo non può portare alla guarigione, ma può solo superficialmente riparare il danno che magari si manifesta poi sotto altra forma.

Dobbiamo pensare che la crudeltà della malattia è per noi qualcosa di positivo, perché ci fa capire quali siano le deficienze dalle quali è sorta. Quindi, la cura dev'essere diretta ai difetti che esistono in noi e, una volta corretti ed eliminati, ritorneremo allo stato di equilibrio.

Ma perché c'è tanta sofferenza nella malattia?

Lo stato di sofferenza non dev'essere visto come una punizione ma come un correttivo che mette in luce ciò che avremmo dovuto comprendere con altri mezzi. Prima impareremo e prima la elimineremo.

Comunque, per quanto possa essere grave uno stato di malattia non si deve mai disperare poiché, se ancora la vita scorre dentro di noi, vuol dire che l'anima non è senza speranza.

Secondo Bach, le vere malattie dell'uomo sono gli aspetti negativi del suo carattere, che lo portano a manifestare l'orgoglio, la crudeltà, la violenza, l'odio, l'egoismo, l'ignoranza, l'instabilità, l'avidità eccetera.

Queste cattive qualità, a dire il vero molto diffuse, aprono la via a quelle aggressioni al nostro corpo fisico che comunemente si definiscono «malattie».

Manifestare orgoglio significa non riconoscere la nostra dipendenza dall'Anima. Questo difetto, molto diffuso, è solo frutto dell'egocentrismo della propria personalità, perciò il successo non dev'essere visto come un merito personale ma solo come un beneficio che Dio, che è sempre dentro di noi, ci ha donato. L'orgoglio ci fa perdere il senso delle proporzioni, della piccolezza del singolo rispetto all'Universo. Ci fa perdere il valore dell'Umiltà e della sottomissione alla Volontà di Dio, valori che non sono limitativi ma ci riportano all'unione con il Tutto.

Coloro che mostrano un orgoglio eccessivo e una certa arroganza nella vita, di solito soffrono di malattie che hanno a che fare con la rigidità e la tensione del corpo.

La crudeltà è un altro bruttissimo difetto che manifestiamo quando agiamo in modo brutale, cattivo, spietato e aggressivo nei confronti di un altro essere. Ciò che l'individuo non comprende è l'unità del Tutto, per cui una manifestazione di ferocia non è perpetrata soltanto verso l'altro ma anche verso noi stessi che facciamo parte del Tutto. Si deve comprendere, dunque, il valore dell'Unità che dobbiamo manifestare con l'amore non solo per i nostri cari ma anche verso gli altri; dobbiamo arrivare a capire che, anche se esistono sentimenti negativi sia nostri che altrui, bisogna cercare di stabilire un rapporto di simpatia, tolleranza e amore con tutti. La crudeltà è un difetto che può portare, negli individui che la manifestano, a soffrire di ipersensibilità ai dolori in genere.

L'odio, un'altra grande inclinazione negativa sulla quale l'uomo scivola, si manifesta con sentimenti contrari a quella che è l'essenza dell'Universo: l'amore. L'odio si vive, si subisce e chiude la porta della nostra Anima all'Unità. È un sentimento che ci fa male e ci fa tornare indietro, è un blocco interiore che non fa fluire la Luce dell'amore di cui l'animo umano si nutre. Da tutto ciò nasce l'inclinazione verso un tipo di nervosismo, di logorio interiore che porta ad ammalarsi di disturbi nervosi.

Quando l'individuo pone i propri interessi al di sopra del bene collettivo, quando cioè cura e protegge solo i propri cari e non manifesta alcuna attenzione verso il sociale, esprime tutto il suo grande egoismo, che è un altro grande difetto. Ciò di cui non è cosciente è sempre il fatto che l'individualità non è assoluta ma fa parte del Tutto. Allora, preoccuparsi non solo di se stessi e non pensare solo all'accumulo di beni per noi e per chi ci è caro è la più grande dimostrazione che abbiamo capito che il far del bene ai nostri simili significa fare del bene anche a noi stessi. Le azioni positive non sono mai perse, perché ritorneranno prima o poi sotto altra forma. Chi possiede un forte egoismo si ammala, solitamente, di depressioni e malattie introspettive.

Anche l'ignoranza è il rifiuto di vedere la Verità quando ci viene offerta, perché consiste in una chiusura verso la Luce. Chi manifesta questo difetto è incline alle malattie della vista e dell'udito.

L'instabilità, l'indecisione, la mancanza di volontà, a loro volta, ci fanno perdere il collegamento con l'Io superiore, per cui non ci rendiamo conto della nostra fondamentale invincibilità non in quanto esseri singoli ma in quanto parti dell'Unità. Tali difetti rendono inclini a malattie che inficiano il coordinamento dei movimenti corporei.

L'avidità, invece, è desiderio di potenza, e consiste nel non voler riconoscere a ciascuno la libertà di seguire la propria via. L'individuo che manifesta avidità vuole comandare, dominare modellare, insomma vuole imporre il proprio «io» su quello degli altri. Ma questo significa collocarsi al posto del Creatore nell'inclinare la vita altrui. È un difetto che risulta molto diffuso e di cui è facile appropriarsi, ma è soprattutto la manifestazione di un grandissimo egocentrismo. L'avidità e il desiderio di dominio colpiscono l'individuo che lo interessa di più, rendendolo schiavo del proprio corpo fino all'infermità motoria.

L'essere umano e la «guarigione» secondo Bach

Secondo Bach le piante hanno la capacità di entrare in vibrazione con la nostra Anima e di aprire i canali di comunicazione con il Sé superiore. La nostra spiritualità viene in tal modo inondata e purificata.

Si deve cambiare, comunque, il modo di vivere, poiché non vi è guarigione che non abbraccia un nuovo modo di vivere e di pensare, che realizzi la pace dell'Anima e la gioia interiore a cui dobbiamo tendere e arrivare.

Bach afferma: «I Fiori, cespugli e alberi non coltivati di ordine superiore, hanno, grazie alla forza delle loro vibrazioni, la capacità di aumentare le nostre e di aprire i canali di comunicazione con il nostro Io spirituale. Non ci guariscono per il fatto di agire direttamente sulla malattia, ma perché inondano il nostro organismo con le vibrazioni positive del nostro Sé Superiore, di fronte al quale la malattia si dissolve come neve al sole».

APPLICAZIONI E USO DEI RIMEDI FLOREALI DI BACH

Le essenze floreali sono prodotte nello stesso modo e nello stesso luogo in cui le produceva il dottor Bach. Sono contenute in flaconcini sigillati e devono essere diluite prima dell'uso in un preparato a base di acqua e alcol, necessario alla conservazione del rimedio. Invece dell'alcol si può usare il brandy, oppure l'aceto di frutta. Quest'ultimo è indicato nella preparazione dei rimedi per bambini.

Il rimedio si compone mettendo dentro un flaconcino (di solito di vetro scuro con il contagocce in vendita in farmacia) da 30 ml tre quarti d'acqua, 20 gocce di alcol (o brandy o aceto di frutta) e due gocce di essenza floreale. Dopodiché occorre miscelare molto bene prima della somministrazione.

Per i rimedi formati da più essenze si devono sempre mettere due gocce di ognuna. Per il *Rescue Remedy* le gocce devono essere quattro ma viene venduto anche sotto forma di pomata.

Il dosaggio è di almeno quattro gocce da prendere quattro volte al giorno. In casi urgenti si può somministrare anche ogni trenta minuti. Le gocce non hanno un particolare sapore e possono essere prese direttamente dal contagocce oppure, se si vuole, diluite in acqua. Bisogna sempre ricordare che non sono medicine, perciò non hanno assolutamente controindicazioni e non possono assolutamente far male.

Molto spesso ci si chiede: «Se un floriterapeuta ordina un tipo di rimedio floreale non indicato per un particolare momento, che reazione può avere sull'individuo?». Ebbene, non avrà nessuna reazione.

Alcuni hanno adottato il sistema di mettere nella vasca da bagno alcune essenze che, anche in tal modo, possono essere assunte (per esempio qualcuno mette cinque gocce di *Crab Apple* per calmare un'eruzione cutanea, qualcun altro adopera nella vasca altri rimedi, come *White Chestnut*, per calmarsi o rilassarsi. È bene dire che le gocce risultano efficaci anche se vengono messe sulle tempie o sui polsi, ma a quest'uso si ricorre nei casi di impossibilità a deglutire. Alcune persone particolarmente sensibili «riescono a sentire» i flaconcini anche se vengono messi sul comodino a un minimo di circa venti centimetri dal letto e ne ricevono beneficio come se avessero assunto il rimedio.

Per quanto tempo si deve assumere il rimedio? Questo è molto soggettivo, perché dipende dallo stato del blocco che ci portiamo dentro e, quindi, dalla reazione dell'individuo. A volte bastano pochi giorni, a volte sono necessari molti mesi. In parte, dunque, non dipende dalla nostra volontà ma in parte sì, perché bisogna vedere se abbiamo veramente voglia di cambiare o se nel profondo non ne siamo convinti. Infatti, molto spesso siamo legati al nostro stato di malattia. Avete mai parlato con quelle persone che si lamentano dei propri dolori, ma se proponete qualche soluzione la respingono e sono contenti solo quando vi arrendete? La verità è che per molti risulta difficile staccarsi dalle proprie malattie... Sembra un controsenso, ma non lo è.

I trentotto Fiori vengono divisi da Bach nel seguente modo:

- dodici guaritori: *Agrimony, Centaury, Cerato, Chicory, Clematis, Gentian, Impatiens, Mimulus, Rock Rose, Scleranthus, Vervain, Water Violet.*
- sette aiuti: *Heather, Oak, Olive, Rock Water, Gorse, Vine, Wild Oat.*
- diciannove assistenti: *Aspen, Beech, Cherry Plum, Chestnut Bud, Crab Apple, Elm, Holly, Honeysuckle, Hornbeam, Larch, Mustard, Pine, Red Chestnut, Star of Bethlehem, Sweet Chestnut, Walnut, White Chestnut, Wild Rose, Willow.*

Il trentanovesimo Fiore è il *Rescue Remedy*, una combinazione di cinque rimedi che si usa nei casi d'emergenza.

Capitolo 7

I RIMEDI FLOREALI

Agrimony (Agrimonia eupatoria)

Sintomi: è lo stato d'animo in cui si riescono a nascondere bene il tormento e l'inquietudine interiore con l'allegria e la ricerca dei divertimenti che mascherano i turbamenti dell'anima. Queste persone sono di solito i classici amiconi, gli allegroni che hanno la battuta scherzosa sempre a portata di mano e che cercano di fare tutto pur di non riflettere su ciò che li tormenta. Anche se si ammalano, minimizzano e cercano di ridere sulle proprie condizioni. Ciò che esprimono è soprattutto un disagio interiore mascherato dall'abuso di alcol, di psicofarmaci, di fumo e di cibo. I bambini *Agrimony* sono quelli che non fanno trasparire le loro inquietudini per rendersi graditi a tutti, ma che a volte mangiano troppo, si mangiano le unghie o soffrono per la loro solitudine senza darlo a vedere.

Consigli: vivere in profondità, accettare i conflitti invece di scansarli, affrontare i problemi e vivere in maniera più naturale senza fare uso di alcol, fumo eccetera. Soprattutto, non vivere proiettandosi al di fuori ma cercare di trovare entro se stessi ciò che si cerca fuori.

Affermazione positiva: La pace è dentro di me.

Aspen (Populus tremula)

Sintomi: è lo stato d'animo di quelle persone che hanno paura inspiegabilmente di qualcosa di vago che può essere una disgrazia, un pericolo, un'ombra, un fantasma o la notte con stati d'angoscia, risvegli da incubi e difficoltà a riaddormentarsi. È come se si avesse paura della paura, ma si tratta sempre di soggetti estremamente sensibili che sentono anche «l'atmosfera» dei luoghi.

Di solito i bambini *Aspen* hanno paura di dormire con la porta chiusa, hanno timore del buio e delle ombre e non vogliono dormire da soli.

Consigli: è utile evitare tutto ciò che stimola sensazioni di paura: film dell'horror, visioni di scene dure eccetera. Soprattutto, giova evadere un attimo da queste situazioni portando l'interesse su cose più concrete: coltivare le piante, prendersi cura degli altri, cucinare, fare piccoli lavori manuali...

Affermazione positiva: Il mio animo è pieno di coraggio, fiducia e forza.

Beech (Fagus sylvatica)

Sintomi: questo stato d'animo è legato a un eccessivo senso critico nei confronti degli altri, unito a intolleranza verso il prossimo. Si osservano gli altri e si giudica il loro operato, senza immedesimarsi nelle situazioni emotive altrui. Si è inoltre incapaci di guardarsi dentro e non si ha la capacità di assimilare le esperienze che si fanno. Vi è eccessiva pignoleria, arroganza e severità e si è sempre in tensione. Si arriva addirittura a non sopportare la gestualità e il modo di parlare del prossimo. È il caso in cui non si vede la trave nel proprio occhio mentre si vede la pagliuzza nell'occhio altrui.

I bambini *Beech* manifestano il loro stato d'animo con un atteggiamento di prepotenza nei confronti dei compagni. Sono anche molto critici e in genere sono poco tolleranti verso tutto.

Consigli: ristabilire il contatto con l'Unità. Cominciare a essere più comprensivi nei confronti di se stessi e di conseguenza nei confronti altrui. Sciogliersi usando atteggiamenti più liberi e facendo cose che vengono considerate inutili (giocare, passeggiare, ballare)...

Affermazione positiva: Io non giudico gli altri.

Centaury (Centaurium erythraea)

Sintomi: lo stato *Centaury* è quello, secondo Bach, delle persone molto sensibili e dalla volontà debole che rimane asservita agli altri. Occorre che queste persone si riappropprino della propria individualità, soprattutto per trasformare la grande dedizione e la grande capacità d'amore per il prossimo da uno stato di dipendenza psicologica a uno di piena coscienza. Molto spesso sono quegli individui che non si oppongono alle decisioni dei genitori o dei superiori e si sacrificano senza rendersene conto. È il caso tipico della figlia che rinuncia a sposarsi per l'egoismo dei genitori, del figlio che porta avanti l'azienda paterna senza esserne convinto oppure della moglie troppo asservita nei confronti del marito o viceversa.

I bambini *Centaury*, sensibili e dolci, hanno sempre bisogno di conferme e di riconoscimenti e purtroppo la loro sensibilità viene sempre fraintesa dai compagni prepotenti dai quali sono dipendenti.

Consigli: meditare su ciò che si vuole realmente dalla vita e valutare bene le richieste che ci vengono dall'esterno.

Affermazione positiva: Io sono responsabile della mia vita.

Cerato (Ceratosigma willmottiana)

Sintomi: in tale stato l'individuo non riesce a essere sicuro delle proprie decisioni ed è per questo che chiede continuamente agli altri conferme e passa anche da stupido per queste sue insicurezze. Anche se si prendono decisioni, si hanno mille dubbi e si ritorna sempre sui propri passi.

I bambini *Cerato* sono quelli che sanno rispondere alle domande ma non hanno il coraggio di farsi avanti perché hanno sempre mille dubbi. Sono quelli che cancellano continuamente i compiti che fanno perché sono incerti su ciò che hanno scritto.

Consigli: ascoltare la propria voce interiore e seguire le proprie intuizioni.

Affermazione positiva: Io credo in me stesso e nelle mie scelte.

Cherry Plum (Prunus cerasifera)

Sintomi: nello stato *Cherry Plum* gli individui hanno paura soprattutto di perdere il controllo di se stessi ed è come se fossero seduti su una polveriera. Vi è la paura di commettere qualcosa, si lotta con se stessi per mantenere un grande autocontrollo su ogni situazione e vi sono scoppi d'ira improvvisi e incontrollati. I *Cherry Plum* sono quegli individui nei quali si instaura un processo di fissazioni e di ossessioni.

Di solito i bambini *Cherry Plum* sono estremamente controllati in ogni cosa in modo maniacale, vogliono avere la situazione sotto controllo e a volte questo li porta a balbettare. Maniacali anche nell'ordine, facilmente scoppiano in pianti e sono irritabili e violenti.

Consigli: cercare di essere più spontanei e di aprire il proprio animo. Lasciarsi andare il più possibile, sentire che si può anche non controllarsi, anzi non pensare più di avere limiti.

Affermazione positiva: Io sono libero da vincoli mentali.

Chestnut Bud (Aesculus hippocastanum)

Sintomi: a tali individui sembrano capitare sempre le stesse situazioni, le stesse difficoltà. È come se non imparassero dalle esperienze precedenti che dovrebbero servire da lezione e, invece di meditarci sopra, affrontano nuove esperienze ricadendo negli stessi errori. Talvolta hanno l'impressione di imparare molto lentamente.

Alcuni bambini che fanno fatica ad apprendere determinate materie sono in tale stato. È di aiuto anche a bambini autistici o che hanno problemi di balbuzie.

Consigli: riflettere sulle situazioni e cercare di capire il perché delle cose. Non affrontare nuove situazioni se non si sono chiarite le precedenti, in modo da approfondire le proprie posizioni nei confronti degli avvenimenti che ci capitano.

Affermazione positiva: Io capisco i miei errori e imparo.

Chicory (Cichorium intybus)

Sintomi: Bach definiva tale stato d'animo come l'archetipo della «madre universale» che dà molto ma che pretende anche. È il caso di quelle persone che danno amore ma legato a condizioni. Solitamente sono persone estremamente generose, fattive, efficienti, insostituibili ma che vogliono un profitto; personalità possessive che a volte si rifugiano nelle malattie per ricattare moralmente i propri cari.

I bambini *Chicory* sono possessivi ed esigono dedizione assoluta. Le classiche bambine rispondenti a questo rimedio sono quelle che nei giochi fanno sempre la parte della mamma, della maestra e che assoggettano i compagni, apparentemente in maniera materna, ma schiavizzandoli.

Consigli: cominciare a rispettare la libertà degli altri. Lasciare andare i pensieri vendicativi. La disponibilità non ha un tornaconto.

Affermazione positiva: Io amo senza pensare di ricevere.

Clematis (Clematis vitalba)

Sintomi: è uno stato che porta l'individuo a sognare a occhi aperti. Vi è scarso attaccamento alla realtà e ci si rifugia in ideali irrealizzabili e confusi. Di solito sono individui che hanno poca vitalità, hanno sempre una debolezza generale e facilmente urtano quando si muovono. È come se non capissero la realtà del loro corpo fisico. Quando si ammalano mostrano difficoltà a guarire ed è come se avessero un insufficiente stimolo a vivere.

I bambini *Clematis* sono ben riconoscibili perché vivono nel loro mondo di sogni e fantasticherie. Mangiano poco e hanno soprattutto bisogno di ritornare sulla Terra per vivere più concretamente.

Consigli: cercare di avvicinarsi di più alla natura e di mostrare più interesse per ciò che ci circonda. Essere ricettivi nei confronti degli altri e avere interesse alla concretezza del vivere quotidiano.

Affermazione positiva: Io converto le mie idee in azione.

Crab Apple (Malus sylvestris)

Sintomi: è uno stato per cui l'individuo si perde nella pignoleria e trascura il senso finale delle cose, questo lo conduce a essere perennemente insoddisfatto di se stesso. È irritato dal disordine e dà eccessiva importanza all'ordine e alla pulizia sia di se stesso sia degli oggetti. Si lava in continuazione e ha difficoltà a farsi coinvolgere in rapporti fisici (sesso, abbracci, baci eccetera). Tutto dev'essere perfettamente in ordine e accurato.

Anche i bambini risentono di tale stato e sono perfezionisti in modo maniacale. Sono i tipici bambini che, a tavola, guardano se i tovaglioli, la tovaglia, le forchette, i bicchieri siano perfettamente puliti.

Consigli: dare importanza all'unicità della situazione e non ai particolari. Evitare le minuterie. Fidarsi.

Affermazione positiva: Io accetto me stesso così come sono.

Elm (Ulmus procera)

Sintomi: lo stato *Elm* consiste nella netta sensazione di non essere all'altezza del proprio compito. È come se non si riuscisse ad avere la forza necessaria per reggere le proprie responsabilità. Si dubita delle proprie capacità, ma nello stesso tempo si è impegnati in una situazione in cui si è indispensabili e non ci si può sottrarre. È lo stato per cui si perde la fiducia in se stessi.

Anche nei bambini si può avvertire tale disagio di non essere in grado, di non avere le forze per affrontare determinati impegni, e questo si verifica nei periodi in cui gli impegni scolastici sono molto gravosi.

Consigli: cercare di centrarsi e di rilassarsi per poter ritrovare l'energia che fluisce.

Affermazione positiva: Io ho perseveranza e ho l'aiuto di cui ho bisogno.

Gentian (Gentiana amarella)

Sintomi: quando ci pervade l'insicurezza accompagnata da mancanza di fiducia o di fede in tutto, ma soprattutto quando tale depressione è motivata da una valida ragione: la morte di una persona cara, la separazione da qualcuno o dal nostro *habitat*, dai nostri cari o dalla nostra casa. Si cade in uno stato di scetticismo che, nascendo come reazione a un certo avvenimento, coinvolge tutta la nostra vita, giunge a vedere come buio il destino del mondo e mette in dubbio ogni tipo di fede in un ideale o in una religione.

I bambini in tale stato sono piuttosto scoraggiati e preoccupati per qualsiasi cosa.

Consigli: cercare di convivere con i propri dolori dominando la sensazione di impotenza e superandoli. Cercare di voltare questa pagina dolorosa della nostra vita.

Affermazione positiva: Sulle avversità della vita costruirò il mio futuro.

Gorse (Urex europaeus)

Sintomi: lo stato *Gorse* è quello di disperazione totale, al di là della depressione. Di solito tale stato non è solo psicologico ma anche fisico: è quello del malato che non riesce a guarire. La persona pare non avere più speranza né nel futuro, né nella guarigione. Di solito dice: «Ho tentato di tutto, ma non è servito». Sono in tale stato i bambini ai quali è capitato qualcosa di molto doloroso che li ha resi disperati come, ad esempio, malattie, insuccessi o gravi problemi familiari.

Consigli: accendere dentro di sé una piccola luce di speranza e non cercare più di pensare alla propria disperazione. Ogni volta che si pensa a se stessi, cercare di visualizzare una luce che piano piano illuminerà e riscalderà.

Affermazione positiva: Io sto superando questo momento di disperazione.

Heather (Calluna vulgaris)

Sintomi: vi è mai capitata una persona che, pur non conoscendovi, vi ha parlato incessantemente di se stessa, della sua vita, delle sue reazioni?

Questa è una persona *Heather*, cioè una persona che ha l'ansia di comunicare a qualcun altro tutto di se stessa, non preoccupandosi assolutamente se a questo qualcuno interessa ciò che lei racconta e non ascoltandolo minimamente, qualora volesse replicare. Sono persone il cui motto è: «Esisto in quanto parlo!».

I bambini *Heather* sono molto accentratori e vogliono sempre essere ascoltati. Fondamentalmente sono stati forse un po' troppo trascurati.

Consigli: è facile consigliare il silenzio, ma se lo stato *Heather* si verifica, è perché vi sono ragioni di fondo ed è per questo che si deve soprattutto riflettere prima di parlare... e una volta tanto ascoltare se stessi.

Affermazione positiva: Io ascolto il mio prossimo.

Holly (Ilex aquifolium)

Sintomi: è uno stato in cui il nostro potenziale d'amore non riesce a emergere, perciò questo sentimento si trasforma in rabbia, invidia, paura di essere raggirati, gelosia, desiderio di vendetta, voglia di far innervosire gli altri cercando il litigio.

Nei bambini lo stato *Holly* si manifesta come aggressività verso i compagni, i fratelli o i familiari.

Consigli: cercare di centrarsi e pensare che gli altri hanno bisogno del nostro amore. Avere riconoscenza e gratitudine.

Affermazione positiva: Io apro il mio cuore e amo.

Honeysuckle (Lonicera caprifolium)

Sintomi: vi sono persone che pensano, e sono convinte, che tutto ciò che è loro capitato in passato era bello, al contrario della vita presente. Questo è proprio il sintomo di chi non vuole andare avanti e di chi vive solo e sempre di ricordi, di rimpianti e delle opportunità che si sono perse.

I bambini *Honeysuckle* sono quelli che non si staccano volentieri dai genitori e rimangono legati ad atteggiamenti un po' infantili anche durante l'adolescenza.

Consigli: l'equilibrio consiste nel collocare il passato al giusto posto, cioè nel considerarlo una parte della nostra vita, bella o brutta che sia stata ma che non è più possibile far ritornare.

Affermazione positiva: Vivo la mia vita nel presente per costruire il mio futuro.

Hornbeam (Carpinus betulus)

Sintomi: tale stato è vissuto principalmente da quelle persone che hanno un'attività soprattutto mentale. Sono stanchi, non per aver fatto degli sforzi fisici, ma soprattutto per essersi concentrati troppo mentalmente. È un po' il male dell'uomo moderno. È uno stato che unisce la spossatezza al senso di vuoto e di monotonia: è come se tutto fosse programmato e non ci si aspettasse niente altro.

I bambini *Hornbeam* sono quelli che al mattino risultano quasi sempre senza energie e che risentono della fatica mentale dovuta alla scuola. È bene far passare loro meno tempo davanti al computer o alla televisione coinvolgendoli in attività manuali e creative.

Consigli: forse sarebbe opportuno avere dei momenti non programmati, fare qualcosa solo per il gusto di farla e senza chiedersi il perché. Avere più spontaneità. Vivere più alla giornata.

Affermazione positiva: Seguendo i miei impulsi, l'energia affluisce sempre dentro di me.

Impatiens (Impatiens glandulifera)

Sintomi: sono le persone che vivono a un ritmo di vita veloce.

Sembra che debbano perdere sempre il treno, vanno di fretta, sono impazienti, nervose, incitano alla fretta anche gli altri e sul lavoro è difficile seguirli perché sono scontenti di tutti. È inutile dire che *Impatiens* denota una grande ansia di vivere, perché è proprio lo stato in cui cadono le persone che si impongono un ritmo di vita al di sopra delle loro forze.

Gli *Impatiens* sono bambini che si muovono in continuazione, hanno voglia di cambiare gioco e vorrebbero essere coinvolti in più giochi contemporaneamente. Solitamente hanno difficoltà ad addormentarsi.

Consigli: non abusare delle proprie capacità fisiche e non farsi prendere dall'ansia di voler fare le cose a ogni costo, anche se il costo è se stessi.

Affermazione positiva: Io mi fermo, respiro profondamente e rifletto.

Larch (Larix decidua)

Sintomi: in tale stato risultano quegli individui che, perennemente scoraggiati, rinunciano ad avventurarsi in una situazione nuova, poiché sono convinti di non riuscire. La completa sfiducia è il sintomo più manifesto, e da ciò arrivano a pensare che tutto è loro impedito nella vita, perché sono incapaci.

I bambini nello stato *Larch* hanno davvero poca fiducia nelle proprie capacità, tanto da stabilire rapporti difficili a scuola sia con i compagni che con la maestra. È uno stato di continuo pessimismo nei confronti di se stessi.

Consigli: prendere l'iniziativa, intraprendere nuove attività e, soprattutto, pensare che gli altri hanno avuto, hanno e avranno gli stessi nostri problemi. Avere consapevolezza del proprio essere.

Affermazione positiva: Io ho fiducia in me stesso, riesco in ogni situazione.

Mimulus (Mimulus guttatus)

Sintomi: solitamente le persone *Mimulus* parlano con voce flebile e già in questo si mostrano la paura e l'insicurezza che connotano il loro stato d'animo. Le loro non sono paure vaghe, derivano da una causa conosciuta. Hanno, infatti, timore degli altri, delle malattie, del futuro, di insetti, di eventi naturali... Vi è in loro anche una grande timidezza di fondo e ipersensibilità ai rumori e alle voci alte. Sono sempre molto cauti in ogni situazione. Molto spesso tale insicurezza sfocia in difetti del parlare con comparsa di balbuzie.

I bambini presentano problemi nell'esporre gli argomenti e possono avere anch'essi fenomeni di balbuzie. Sono eccessivamente timidi e molto sensibili.

Consigli: cercare di usare la propria sensibilità positivamente anche al servizio degli altri piuttosto che ritirarsi nel proprio mondo. Aprirsi, avendo fiducia in se stessi e nel proprio modo di sentire.

Affermazione positiva: Il mio animo è forte e coraggioso.

Mustard (Sinapis arvensis)

Sintomi: è lo stato in cui una persona vive con un profondo senso di malinconia. È come se si facesse fatica a vivere e tutto risultasse pesante. È come se l'anima fosse avvolta da questa nube e non sentisse il contatto con il Tutto. È un ripiegamento su se stessi.

In tale stato si trovano quei bambini che apparentemente non hanno un motivo per piangere, ma piangono in maniera inconsolabile. A volte vivono situazioni di grande tristezza.

Consigli: fare chiarezza in se stessi, vivere più a contatto con la natura e non pensare in modo pessimista, vedere il lato umoristico delle situazioni. Cercare di ridere anche per cose banali, non importa se ci si sente stupidi, e sdrammatizzare il proprio stato.

Affermazione positiva: Io ho un animo leggero e pieno di gioia.

Oak (Quercus rubur)

Sintomi: sono le classiche persone tenaci, perseveranti, con un forte senso del dovere e che, pur sentendosi stanche e spossate al limite dell'esaurimento, non si lamentano mai. All'apparenza questi non sembrano sintomi che richiedano un rimedio, ma tale stato molto spesso sottintende una mancanza di flessibilità verso se stessi ed è come smarrire la strada o prendere quella più lunga per arrivare. Le persone *Oak* avvertono il disagio dell'anima che ha smarrito la strada del Sé superiore.

I bambini sembrano più maturi della loro età e hanno un grande senso del dovere. A volte si prendono cura dei fratelli sentendosi anche troppo responsabilizzati.

Consigli: sarebbe meglio non vedere la vita in maniera così severa e non farsi sopraffare dal senso del dovere. Non abusare della propria pazienza, disponibilità e delle proprie forze.

Affermazione positiva: Oggi ho bisogno di riposo per essere più forte domani.

Olive (Olea europea)

Sintomi: è lo stato tipico delle persone che hanno richiesto troppo a se stesse. Sono arrivate al limite della stanchezza e non riescono a chiedere di più.

È uno stato che si avverte anche dopo una lunga malattia o dopo un intervento chirurgico, dal quale si esce debilitati. Si ha bisogno di dormire a lungo e di ricostituire le proprie forze.

I bambini a cui occorre tale rimedio sono di solito quelli che hanno bisogno di una ricarica, forse dovuta a stati di malattie che li hanno debilitati o ad altri tipi di impegno in cui hanno dovuto dare molto.

Consigli: cercare di riposare, di vivere più a contatto con la natura e di seguire un regime alimentare a base di cibi più genuini, naturali, in modo che la natura entri dentro di noi per ridarci l'energia che ci manca.

Affermazione positiva: Io merito il giusto riposo.

Pine (Pinus sylvestris)

Sintomi: è lo stato di chi ha sempre sensi di colpa, perché sente come proprie anche le colpe altrui. È uno stato che si accompagna spesso a senso d'inferiorità, ad autodeprezzamento e si pensa di non essere in grado di meritare niente, nemmeno l'amore degli altri. Autolesionisti, non ci si concede niente e si è incapaci di trovare soddisfazione nei piaceri.

In tale stato sono i bambini che si sentono colpevoli di qualsiasi situazione.

Consigli: molto spesso tali persone portano le spalle curve. Un po' d'esercizio fisico può giovare a distendersi, così come giova tentare di ridimensionare gli altri e pensare a se stessi, abbandonarsi, rilassarsi e cercare il piacere nelle cose quotidiane.

Affermazione positiva: Io mi perdono, mi accetto e mi amo.

Red Chestnut (Aesculus carnea)

Sintomi: è uno stato in cui facilmente si cade, poiché si verifica quando si hanno esagerate paure e preoccupazioni per gli altri. Ciò che è sbagliato in tale stato è il legame che la persona *Red Chestnut* instaura con l'altra, oggetto delle sue apprensioni, cioè un legame non spirituale ma fortemente emotivo. *Red Chestnut* è apprensiva per qualsiasi ritardo e pensa sempre che possa succedere qualcosa di irreparabile, ma ciò di cui non si rende conto è che con la sua apprensività non riuscirà a cambiare il destino degli altri.

I bambini sono quelli che ansiosamente chiedono quando arriva la mamma o perché non è ancora arrivata. È importante assumere *Red Chestnut* e *Walnut* nella fase di svezzamento del bambino.

Consigli: è forse troppo semplice dire di non pensare al peggio, ma è proprio quello che in questi casi si deve fare. Ricordare che «l'uomo propone, ma Dio dispone».

Affermazione positiva: Io sono calmo e rilassato e invio pace e amore agli altri.

Rock Rose (Helianthemum nummularium)

Sintomi: è lo stato della persona angosciata, piena di paura e in preda ad un attacco di panico. Molto spesso si sente un peso sul plesso solare e si ha la sensazione in quel punto di una morsa che stringe. È la classica paura che si ha per una malattia improvvisa, per gli esami, in caso di incidente o in situazioni improvvise a cui non si riesce per il momento a far fronte.

I bambini *Rock Rose* sono molto impauriti e hanno terrore di qualsiasi cosa. Facilmente possono avere incubi notturni ed è per questo che conviene somministrare *Rock Rose* insieme ad *Aspen* e a *Mimulus*.

Consigli: è difficile dare consigli, soprattutto a chi si trova in situazioni imprevedibili, ma la cosa da fare senz'altro è mantenere la calma e non perdere la testa, concentrarsi sulle proprie forze e avere fiducia.

Affermazione positiva: Io ho forza e coraggio per affrontare questo momento.

Rock Water (Acqua di roccia)

Sintomi: sono persone che hanno abbracciato un ideale e tutta la loro vita è improntata al fanatismo rigido. Seguiranno sempre diete severissime oppure vivranno in modo fanatico il vegetarianismo, ginnastiche semplici o particolari. Non vi è una vera e propria rinuncia al piacere, ma questo viene sempre visto secondo un certo schema. Si rinuncia a un qualsiasi comportamento, se non è conforme a ciò che ci si è prefissati e l'autodisciplina è la cosa principale. Molto spesso sono quegli intellettuali che vivono le loro idee rigidamente, camuffandosi da persone aperte. I bambini sono perfezionisti in tutto e risultano ingabbiati nel loro senso di perfezionismo.

Consigli: liberarsi dai propri schemi mentali e dalle regole. Far affiorare i propri desideri intimi e ciò che abbiamo soppresso per lungo tempo.

Affermazione positiva: Io vivo la mia istintività, il mio animo è libero.

Scleranthus (Scleranthus annuus)

Sintomi: vi sono momenti nella vita in cui si hanno delle inquietudini interiori con una vera e propria instabilità di carattere. Non si riesce a portare a termine un compito, ci si sente inaffidabili e si oscilla tra due decisioni magari completamente opposte. È il caso tipico di una disfunzione dell'equilibrio che poi si manifesta sia a livello caratteriale che a livello propriamente fisico con senso di vertigine, nausee, mal di mare e squilibri che vanno dalla grande fame all'inappetenza... Insomma, instabilità. I bambini sono eternamente indecisi e presentano anche problemi di equilibrio. Questo rimedio è indicato anche nei casi di nausea, vomito e nel mal d'auto, unito a *Rescue*.

Consigli: è forse il caso di fare una leggera attività fisica e lunghe passeggiate immergendosi nella natura. Cercare di rilassarsi respirando lentamente e lasciar andare i pensieri.

Affermazione positiva: Io sono al centro, le mie decisioni sono giuste.

Star of Bethlehem (Ornithogalum umbellatum)

Sintomi: sono quelle persone che, avendo vissuto shock fisici o psicologici, non sono riusciti a superarli. A volte questi shock sono di natura inconscia o si crede di aver superato interiormente esperienze dolorose che invece sono bloccate dentro il nostro animo. A volte in tale stato si possono aver disturbi di stomaco, poiché è come se non si fossero assimilate le brutte esperienze. Lo *Star of Bethlehem*, unito anche a *Walnut*, viene preso dopo aver partorito, poiché aiuta la mamma al suo nuovo ruolo e anche il neonato che ha vissuto il trauma della nascita. Viene anche indicato nei casi di traumi in cui il bambino sia stato coinvolto. È indicato, inoltre, nel caso in cui un bambino viva una situazione particolarmente traumatica (separazioni, incidenti, bocciature eccetera).

Consigli: cercare di riportare a galla le esperienze che abbiamo tentato di soffocare, a costo di vivere forti reazioni emotive: viviamole di nuovo. Non aver paura del passato e superarlo.

Affermazione positiva: Io affronto il mio trauma interiore e lo supero.

Sweet Chestnut (Castanea sativa)

Sintomi: è uno stato dolorosissimo di disperazione profonda ed è come se si avesse la sensazione di essere alla fine delle nostre risorse. Ci si sente completamente abbandonati a se stessi ed è come se Dio ci avesse dimenticati. È una disperazione più profonda rispetto allo stato *Gorse*, perché è molto interiore, a volte viene tenuta nascosta a tutti e ci si crogiola nella disperata intimità. La disperazione di *Gorse* viene vissuta in modo più attivo e ci si lascia curare anche se non si crede a niente, mentre nello stato *Sweet Chestnut* la chiusura è totale, il vivere diventa insopportabile e si pensa di aver raggiunto il limite estremo della sopportazione.

Un bambino si trova in questo stato, quando la disperazione non ha più limiti e quando tutto gli appare irrisolvibile: bocciature, insuccessi, dispiaceri eccetera.

Consigli: non opporsi a questo momento, perché in fin dei conti la disperazione nasce non solo per fattori esterni ma anche dal fatto che non si riesce interiormente ad adattarsi ai cambiamenti che la vita esige. Anche se dolorosa, l'accettazione è la via più giusta per arrivare a vedere il futuro.

Affermazione positiva: Anche se intorno appare tutto buio, io sono la luce.

Vervain (Verbena officinalis)

Sintomi: è lo stato in cui una persona ha un eccessivo entusiasmo verso un ideale e vuole convincere gli altri a tutti i costi. A volte non si rende conto di sprecare la propria energia proiettandosi troppo all'esterno. Non è positivo voler convincere a tutti i costi gli altri, anche se si è motivati da una giusta causa.

I bambini *Vervain* sono i classici bambini iperattivi che non hanno mai voglia di dormire, perché il sonno è una perdita di tempo.

Consigli: non sovrapporsi agli altri, ma cercare di convivere con loro e soprattutto con le loro idee, incanalare il proprio entusiasmo in modo che risulti misurato, non eccedere mai nel parlare e nell'essere disponibili. Non sprecare le proprie energie, anche perché il fisico pagherà un prezzo salato in termini di stress e nervosismo.

Affermazione positiva: Io vivo con moderazione le mie idee e le mie azioni.

Vine (Vitis vinifera)

Sintomi: sono solitamente quegli individui la cui ansia di potere è preponderante. Sono persone senz'altro molto capaci, ma che non rispettano assolutamente le opinioni altrui e, avendo l'attitudine al comando, si pongono volentieri a capo di qualsiasi tipo di attività criticando l'operato degli altri e rendendo impossibile la convivenza.

La ragione è sempre dalla loro parte e la loro tirannia si manifesta non solo nell'ambiente lavorativo ma anche in quello familiare o in altre circostanze.

I bambini *Vine* sono dei veri e propri tiranni, hanno il senso innato del comando, sono bravi solo loro e facilmente sottomettono i compagni picchiandoli.

Consigli: la forza interiore, le capacità, la volontà sono doni che Dio ci ha dato e che, quindi, non devono essere strumentalizzati dai più bassi istinti egoistici, ma devono edificare. Le capacità di una persona devono essere un bene positivo per tutti. Vivere di più la riconoscenza verso gli altri.

Affermazione positiva: La mia forza interiore è a beneficio degli altri.

Walnut (Juglans regia)

Sintomi: molto spesso si sa ciò che si vuole, ma non si sa perché non si riesce a mettere in pratica le proprie decisioni. È il caso di quegli individui che comprano la casa, la restaurano, l'arredano ma non si decidono mai ad andare ad abitarci. Gli individui *Walnut* sono quelli soggetti alle influenze altrui non per mancanza di fiducia in se stessi, come per lo stato *Cerato*, ma perché si sentono stranamente legati al giudizio degli altri. Sono proprio quelle persone che, pur lasciando il partner, si sentono ancora legate sentimentalmente a lui e al suo giudizio. *Walnut* è indicato, inoltre, per i cambiamenti di qualsiasi genere: di lavoro, di casa, sentimentale eccetera.

È indicato per i bambini nel corso della dentizione e per il primo giorno di scuola.

Consigli: meditare e riflettere su se stessi e su ciò che si vuole. Rompere con le convenzioni che ci legano a un certo modo d'essere. Avere il coraggio di cambiare.

Affermazione positiva: Io decido di cambiare la mia vita.

Water Violet (Hottonia palustris)

Sintomi: il sintomo tipico è il riserbo, il non voler far avvicinare gli altri a se stessi, anche se si è molto ammirati come fulgido esempio per tutti. La riservatezza di *Water Violet* arriva a rasentare la superbia, velata tuttavia da una grande gentilezza ed educazione, per il desiderio di non mescolarsi agli altri. Sono individui che hanno una grandissima dignità interiore ed è per questo che destano ammirazione.

Nei bambini tale stato si manifesta come compostezza, saggezza e dignità, ma anche come tendenza all'isolamento. Sono bambini che si chiudono in camera tra le proprie cose.

Consigli: la bellezza interiore innata è un dono che Dio ci ha fatto perché ne rendessimo partecipi gli altri, e non scordate che a volte ritirarsi entro se stessi può essere, oltre che un rifugio, una prigione dalla quale si deve uscire per vivere.

Affermazione positiva: Io ho bisogno degli altri e loro di me.

White Chestnut (Aesculus hippocastanum)

Sintomi: non si riesce ad andare al di là di un pensiero o di una situazione e ci si sente martellati da questa idea fissa e ricorrente. È uno stato di eccessivo stress emotivo mentale che ci rende prigionieri di fissazioni. È come se non si riuscisse a capire il valore dei pensieri che si hanno e il Sé Superiore non riuscisse a comunicare.

I bambini *White Chestnut* sono quelli che hanno accumulato un grande stress mentale. Forse hanno visto troppa televisione o hanno praticato troppe attività extrascolastiche, che appagano più i genitori che i bimbi. È consigliabile far vedere poco la televisione, limitare il tempo dei giochi al computer, e favorire invece i giochi rilassanti e all'aria aperta. Ma soprattutto bisogna tener presente che i bambini hanno bisogno di grande tranquillità in famiglia.

Consigli: calma e serenità e dormire il più possibile. Fare la Centratura nel cuore e ascoltare la propria anima.

Affermazione positiva: Io sono calmo e sereno, ascolto solo le mie intuizioni.

Wild Oat (Bromus ramosus)

Sintomi: tali persone sono estremamente dotate e portate a saper fare più cose. Questo è senz'altro una dote ma anche un handicap, poiché non riescono a vedere bene in se stesse e spendono le loro energie su tanti fronti senza mai arrivare a concludere qualcosa nella vita. È la mancanza di sintonia con il loro Sé Superiore che li porta a non capire ciò che vogliono davvero. Arrivano anche a non sposarsi, perché non riescono mai a trovare un partner ideale.

I bambini hanno difficoltà a sceglire l'indirizzo di studi. Avranno bisogno di tale rimedio per poter meglio chiarire i propri obiettivi. È, inoltre, difficile per loro mantenere le amicizie.

Consigli: tali persone devono avere il coraggio di vivere più intensamente e in profondità i loro obiettivi e non lasciarsi sopraffare dalla superficialità che non è innata nel loro animo, ma è la conseguenza di uno stato di scarsa lucidità. Non lasciarsi sopraffare dalle proprie incertezze.

Affermazione positiva: Io realizzo i miei obiettivi.

Wild Rose (Rosa canina)

Sintomi: alla base di tale stato vi è la rassegnazione. Non si combatte più contro le avversità del destino: si soccombe. Le forze vengono meno e ci si abbandona agli eventi. Lo stato *Wild Rose* è quello di chi è perennemente senza forze, privo di energia. Molto spesso il soggetto *Wild Rose* parla con voce monotona e priva di emozioni. Vi è una grande e dilagante tristezza.

I bambini sono anch'essi apatici e svogliati sia nel gioco che nel mangiare. Hanno una calma fittizia che è piuttosto una svogliatezza; sono bambini un po' sotto tono, che hanno bisogno sempre di essere «rivitalizzati» e non solo con le vitamine. È preferibile movimentarli con giochi attivi.

Consigli: meditare sulla propria vita e diventare protagonisti. Il piangersi e il rassegnarsi non sono le vie che ci fanno progredire. Coinvolgersi in attività che ci inducono a un certo movimento.

Affermazione positiva: Io ho una grande vitalità per realizzare ciò che voglio.

Willow (Salix vitellina)

Sintomi: è il caso tipico di quelle persone che incolpano gli altri per la mancata realizzazione del loro destino. È uno stato di rabbia profonda nella quale non si riconosce mai a se stessi la colpa di essere stati in prima persona i responsabili di esso. Tali rancori possono essere di lunga durata, permangono nell'anima per anni e anni e fanno vivere la persona in uno stato di tacita e silenziosa rabbia. Ci si sente continuamente amareggiati e si invidia ogni situazione altrui. Si inviano continui pensieri negativi agli altri, non sapendo che rimangono all'interno della nostra anima. È una rabbia che cova e non si esprime mai.

I bambini *Willow* sono facilmente irritabili ed eccessivamente permalosi ed, essendo fondamentalmente vendicativi, non scordano mai i torti subiti.

Consigli: cambiate il tono dei vostri pensieri, soprattutto perché facendo questo primo passo, sempre con grande sincerità e apertura d'animo, quindi non in maniera superficiale, sarete già a buon punto. Cercare di vedere dentro se stessi.

Affermazione positiva: Io sono l'artefice della mia vita nel bene e nel male.

Rescue Remedy (Rimedio per l'emergenza e il pronto soccorso)

È un rimedio composto da cinque elementi che abbiamo già visto in precedenza:

Star of Bethlehem: è il rimedio che ci aiuta nella perdita dei sensi;

Rock Rose: ci aiuta negli stati di vero e proprio terrore dovuti a situazioni improvvise;

Impatiens: aiuta a combattere l'agitazione e l'angoscia;

Cherry Plum: serve a non perdere la testa e il controllo in certe situazioni;

Clematis: è per far non farci perdere il senso della realtà e i sensi; se li abbiamo persi, ci aiuta a rinvenire.

Questo è un rimedio che si usa – anzi lo si dovrebbe sempre portare con sé – per ogni tipo d'emergenza grave o lieve che sia. Può essere la perdita dei sensi oppure la paura in seguito a una notizia spiacevole, uno spavento che abbiamo preso o semplicemente uno stato confusionale in cui siamo caduti. Chiaramente, in casi gravi, il *Rescue* non vuole sostituire le cure mediche a cui bisogna opportunamente sottoporsi, ma aiuta a ritornare allo stato energetico normale.

La preparazione del *Rescue Remedy* è la seguente: dalla bottiglietta, precedentemente composta o da voi stessi o dal vostro erborista o farmacista come da indicazioni precedentemente esposte, versare quattro gocce in poca acqua da assumere a piccoli sorsi.

Se la persona non riesce a deglutire, basta mettergli le gocce direttamente sulle labbra oppure dietro le orecchie o sulle tempie. Si possono eseguire anche cataplasmi direttamente sulla parte interessata, versando sei gocce in una bacinella d'acqua e facendo impacchi o compresse da porre sulle zone malate.

Per gli animali si può utilizzare il rimedio versando due o tre gocce nell'acqua da bere o nel cibo. Per le piante che hanno subito uno shock usare il *Rescue* e il *Gorse*, per quelle che risultano sfibrate o senza vitalità usare *Rescue*, *Hornbeam* e *Olive*, per quelle che hanno problemi di parassiti usare *Crab Apple*. Si versano due o tre gocce nell'acqua dell'annaffiatoio per due, tre o anche per più giorni.

Per i fiori recisi è consigliabile una combinazione di *Rescue*, *Walnut* e *Wild Rose*: due o tre gocce (dipende da quanti fiori sono) nell'acqua.

COMBINAZIONI DI RIMEDI PER ALCUNI CASI PARTICOLARI

Esistono combinazioni per così dire standard, per alcune situazioni a cui possiamo andare incontro nella nostra vita, anche se, a dire il vero, ognuno ha delle reazioni molto personali a certe situazioni.

La gravidanza. Non è uno stato patologico ma normale in cui la donna ha la fortuna di vivere. Accompagnare questo periodo con i rimedi floreali armonizzerà la madre e il bambino. La ricettività della donna in tale periodo è maggiore ed ha anche una maggiore sensibilità.

Sin dall'inizio sarebbe meglio assumere *Walnut* per il cambiamento di vita, di stato che è in atto. Lo si può unire al *Rescue* nei casi in cui c'è minaccia d'aborto nei primi mesi e, se compare anche la nausea dei primi mesi, usare *Scleranthus*. Per gli stati d'angoscia, di apprensione o paura è consigliabile *Rock Rose* unito a *Mimulus*, *Impatiens* e *Vervain*. Qualche giorno prima del parto è bene prendere *Rescue* che aiuta l'animo e lo predispone bene. Uno o due giorni prima del parto, se non si è assunto *Rescue*, è bene prendere *Rock Rose* insieme a *Mimulus*, *Hornbeam* e *Oak* che sciolgono il nodo della paura, oltre a predisporre meglio la donna alle doglie, ma soprattutto aiutano a ritrovare le forze durante le doglie. Dopo la nascita prendere *Walnut* e *Star of Bethlehem* che segnano l'inizio di una nuova fase della vita e aiutano a superare lo shock: chiaramente non è necessario, se si è assunto il *Rescue* già da prima. Lo *Star of Bethlehem* è importante anche per il neonato.

Mal di mare, d'aria o d'auto. Assumere *Scleranthus*, che è il rimedio per i problemi d'equilibrio e anche per la nausea e il vomito, e *Rescue Remedy* per la confusione e l'agitazione delle partenze. Se il viaggio sarà lungo e si prevedono nuove esperienze e nuove avventure, si può anche aggiungere *Walnut*, per stimolare l'anima a una nuova esperienza.

Il primo giorno di scuola. Prendere *Walnut* per l'inizio di una nuova fase della vita, *Mimulus* per la paura e l'insicurezza causate dalla nuova situazione, e *Honeysuckle* per la «nostalgia» della mamma e della casa.

Gli esami. Prendere *Gentian* per lo scoraggiamento, *Larch* per la mancanza di fiducia in se stessi, *Chestnut Bud* per la concentrazione, *Elm* per vincere l'impressione di non aver più le forze di affrontare gli esami, e *Clematis* per cercare di far emergere la concretezza.

Parte quarta

I CRISTALLI

Capitolo 8

L'USO DEI CRISTALLI

Comprare cristalli e portarli o usarli sembra un po' la moda degli ultimi anni, soprattutto con il diffondersi delle nuove terapie olistiche. Ciò che non viene considerato è il largo uso che la tecnologia moderna fa dei cristalli: ad esempio, il quarzo fa funzionare gran parte degli orologi che portiamo, ci fa sentire la radio, vedere la televisione e ci permette di utilizzare il computer. Per non parlare del raggio laser che viene prodotto tramite la luce e il rubino. Ma queste sono soltanto alcune delle molteplici funzioni che i cristalli svolgono perché dobbiamo pensare anche agli oggetti che comunemente usiamo, come l'automobile (per la cui accensione e altre funzioni si fa uso dei cristalli) o altre apparecchiature che fanno parte della nostra vita quotidiana.

Negli ultimi anni le nuove terapie alternative, tra le quali la cristalloterapia, si sono di molto diffuse. Un numero sempre maggiore di persone rimane affascinato dalla bellezza e dall'uso «energetico» dei cristalli ed è così che alcuni si adornano di pietre e risentono beneficamente del loro influsso. Ma sono i cristalli che ci attirano, e non soltanto con la loro bellezza ma anche con la loro energia dalla quale ci sentiamo «calamitati». Ciò che si deve constatare, infine, è che l'uso terapeutico dei Cristalli non è nuovo. Hanno da sempre accompagnato e aiutato l'uomo.

La leggenda dice che la civiltà di Atlantide faceva uso dei cristalli per incanalare l'energia cosmica. Sempre secondo la leggenda, la progredita civiltà atlantidea, proveniente da un altro sistema solare, approdando sul nostro pianeta, dapprima arrivò a far uso dei cristalli per stabilire un contatto telepatico con gli evoluti antenati universali e poi abusò dell'uso di tali sacre conoscenze. Sembra che la fine di Atlantide sia legata al cattivo uso della grande forza cosmica accumulata nei cristalli per scopi meramente egoistici. Ma si racconta che prima della distruzione alcuni saggi, volendo tramandare le grandi conoscenze dell'Universo che la loro civiltà possedeva e non volendole trascriverle sui libri, in quanto alterabili e di difficile conservazione, affidarono la loro conoscenza ai cristalli. La civiltà atlantidea custodiva i segreti dell'Universo che avrebbero condotto l'anima verso una rapida evoluzione cosmica. I grandi Saggi di Atlantide, allora, «programmarono» taluni grandi cristalli e decisero di collocarli all'interno della Terra. Questi sarebbero riaffiorati in superficie e avrebbero attratto quelle persone che, in perfetta sintonia con essi e capaci di recepirne mentalmente le energie, avrebbero compreso la loro grande sapienza. Non tutti avrebbero percepito tali significati, poiché l'accesso alla vera sapienza è consentita solo alle anime di elevata vibrazione e pure di cuore.

Coloro che si salvarono dalla distruzione di Atlantide ricominciarono la loro vita in altri continenti e tramandarono le conoscenze che possedevano sui cristalli alla civiltà egiziana, a quelle amerinde e a quelle indo-tibetane. Si dice, infatti, che le piramidi egiziane siano state costruite come quelle atlantidee, al cui vertice era collocato un cristallo. Gli Egiziani usavano correntemente i cristalli a cui attribuivano grandi poteri: la corniola, che veniva anche scolpita a forma di scarabeo (animale a loro sacro), faceva parte del corredo funerario, e così pure la giada che aiutava l'anima nell'aldilà.

L'uso dei cristalli, comunque, è sempre stato diffuso in tanti altri momenti dell'evoluzione del nostro pianeta. Nella Bibbia, infatti, si racconta di Aronne la cui corazza, composta di dodici preziosi gioielli su quattro file collocati sul torace in corrispondenza del cuore, gli avrebbe conferito la potenza divina. Anche gli antichi popoli della Mesopotamia attribuivano ai cristalli particolari virtù; per questo si narra di un tempio costruito in argento e lapislazzuli, le cui fondamenta erano di corniola.

Anche la civiltà greco-romana usò le pietre sia come ornamento personale – erano un segno di potere per alcune classi sociali – che come elementi architettonici. Al tempo di Augusto era famoso sul Campidoglio un cristallo di rocca che pesava ben cinque chili.

Nell'*Apocalisse* di San Giovanni si narra delle mura di cinta della città che erano costruite con diaspro, zaffiro, calcedonio, smeraldo, sardonico, sardio, crisolito, berillo, topazio, crisopazio, giacinto e ametista. Da tale elencazione si può dedurre come le pietre fossero ritenute oggetti di culto e simbolo della purezza di Dio.

Anche le antiche civiltà amerinde, come quella dei Maya o degli Indiani Pellirosse, hanno fatto uso dei cristalli per la diagnosi delle malattie. Gli Indiani d'America, inoltre, usavano grandi cristalli di quarzo trasparente per le cerimonie e dicevano che all'interno si potevano scorgere gli eventi passati, presenti e futuri.

L'attribuzione delle pietre ai segni zodiacali e ai pianeti risale all'incirca al 400 a. C. e derivano da alcuni scritti in sanscrito che contengono osservazioni sulle singole proprietà di ogni pietra. L'astrologia, nell'India di quel tempo, era una scienza che studiava l'uso delle pietre al fine di neutralizzare per i transiti nefasti dei pianeti. Come conseguenza venne elaborata la Carta delle Trinità astrologiche, cioè le corrispondenze, a cui tuttora ci rifacciamo, tra segni zodiacali e pietre.

I CRISTALLI E LA LORO FORMAZIONE

Il cristallo è un corpo solido omogeneo di origine naturale che si compone, come un qualsiasi corpo solido, di atomi che a loro volta formano le molecole. L'aspetto finale del cristallo viene determinato dalla struttura molecolare che è un'unità perfetta e armoniosa. Ed è per tale perfetta armonia che tutte le strutture cristalline manifestano, sia nella loro forma esterna che in quella interna, la perfezione armonica dell'Universo.

Ogni cristallo, tuttavia, non è solo perfezione statica ma è anche energia vibrante, della quale alcuni scienziati hanno anche misurato, con la Camera Kirlian, il campo.

I cristalli si formano per effetto della sovrapposizione di nuova materia alla massa cristallina. Principalmente si formano: dal magma all'interno della Terra, dai vapori che fuoriescono dalle regioni vulcaniche, dalla sedimentazione che si verifica per l'esposizione agli agenti atmosferici o dalla ricristallizzazione di minerali esistenti e sottoposti a metamorfosi. Non si sa comunque quale sia il tempo di formazione dei cristalli; alcuni dicono migliaia di anni, altri un attimo.

I giacimenti minerari dai quali vengono estratti i cristalli si presentano all'interno delle grotte, più o meno in profondità, oppure nelle vene giacenti nei depositi alluvionali. Per l'estrazione dei cristalli che si presentano all'interno delle grotte a volte può essere sufficiente lo scalpello ma molto spesso è necessario l'esplosivo, mentre per quanto riguarda i depositi alluvionali i cristalli devono essere separati dalla terra con un setaccio. Così estratti, i cristalli vengono puliti e sono pronti per la vendita.

LA PULIZIA E LA RICARICA DEI CRISTALLI

Appena avete acquistato, ricevuto in dono o usato a scopo terapeutico i cristalli, è necessario pulirli e ricaricarli. Perché? Perché molto spesso perdono la propria lucentezza che non ha niente a che vedere con la pulizia comunemente intesa. Per i cristalli perdere la lucentezza significa esaurirsi e ciò avviene quando, essendo ricettivi alle vibrazioni energetiche con cui entrano in contatto o partecipando a un programma terapeutico, essi donano ogni forza vitale. Ad esempio, non è raro vedere cristalli che avendo compiuto ogni loro sforzo, si sgretolano perché completamente esauriti. Ciò potrebbe far sorridere sicuramente qualche incredulo, però esistono testimonianze di persone a cui è stata applicata, ad esempio, una malachite per attenuare un dolore e questa, dopo aver molto alleviato il dolore della persona, ha cominciato ad assumere un colore cupo e piano piano a perdere vitalità. Questo è il grande dono delle pietre, che sono riaffiorate proprio per aiutarci a rivedere dentro di noi la luce e per donare se stesse.

La pulizia è molto semplice, poiché i cristalli si purificano ritornando a contatto con il mondo organico mediante l'uso di acqua e sole. Basta semplicemente metterli sotto un flusso di acqua, in modo che questa dolcemente e delicatamente tolga loro le impurità trattenute. Bisogna successivamente esporli al sole per ricaricarli per un periodo che va dai trenta minuti al massimo di due o tre ore. Poi vanno lucidate con un telo di cotone bianco. Alcune pietre sopportano bene l'esposizione al sole mentre altre, come l'opale, il lapislazzuli e il turchese, facilmente sbiadiscono ed è per questo che il contatto con il sole non dev'essere diretto. I cristalli possono anche essere purificati tenendoli per un giorno in un recipiente contenente sale possibilmente marino. A volte le pietre e i cristalli possono essere ulteriormente ricaricati mettendoli nella terra di un giardino oppure anche nella terra di un grosso vaso per qualche giorno. Dopodiché si possono mettere sotto l'acqua corrente e poi ricaricarli al sole. Un'ulteriore pulitura e ricarica la si può ottenere mettendo i cristalli su un agglomerato di quarzo trasparente. Vengono aggiunti poi altri quattro cristalli a terminazione singola, disponendoli a croce in direzione dei punti cardinali e con l'estremità rivolta verso l'agglomerato di quarzo.

Un'altra tecnica per purificare i cristalli è bruciare in un braciere foglie di cedro e salvia e mettere sopra il fumo i cristalli. Non solo si purificheranno i cristalli ma anche la stanza e l'ambiente. Questo è un antico metodo che usavano gli Indiani d'America, può essere anche applicato per purificare gli ambienti da energie dense che si possono essere accumulate in seguito a discussioni e conflitti ed è anche indicato dopo una seduta di cristalloterapia.

Si può scegliere, inoltre, di ricaricare un cristallo personalmente. Il metodo è di collocarlo nella mano destra, chiudere gli occhi, rilassarsi e visualizzare un fascio di luce bianca e brillante che dalla sommità della testa penetri molto lentamente, arrivi al chakra del cuore e proseguendo, molto lentamente, irradi la sua luce sul braccio fino ad arrivare alla mano e quindi al cristallo. Ricaricate con questa intensa luce il cristallo e potenziatelo di energia. Questo cristallo è programmato con la vostra essenza personale e anche con l'Energia universale.

L'elisir di un determinato cristallo si ottiene mettendolo in un bicchiere o recipiente possibilmente di cristallo a piombo, riempito per metà di acqua ed esposto al sole del mattino (l'orario migliore è quello dalle otto alle undici, trascurando le ore calde del pomeriggio); in tal modo l'acqua si caricherà della vibrazione energetica del cristallo. Successivamente dev'essere collocata in bottigliette sterilizzate e chiuse da un contagocce e, per mantenere meglio il tutto, è consigliabile aggiungere qualche goccia di brandy. Questo elisir si può utilizzare prendendo cinque gocce e diluendole in acqua o assumendole direttamente sotto la lingua. Gli effetti sono identici a quelli che si avrebbero con una terapia a base di quel dato cristallo con il quale è stato fatto l'elisir. I cristalli che meglio vengono utilizzati sono soprattutto i quarzi trasparenti, citrini, affumicati o rosa e anche l'ametista. Comunque, occorre essere prudenti, poiché non tutti i cristalli sono indicati per l'uso interno.

Si possono preparare anche bagni utilizzando dieci gocce di elisir oppure le pietre da voi scelte possono essere collocate direttamente sul fondo della vasca. È consigliabile non riempire completamente la vasca ma solamente coprire con l'acqua le pietre. Prima di immergersi bisogna aspettare almeno due ore per dar modo alle pietre di «energizzare» l'acqua. Dopodiché potete immergervi, dopo aver riempito la vasca fino al livello desiderato. I bagni sono utili specialmente per calmare disagi dovuti a malattie della pelle o anche per rilassare e calmare. A persone particolarmente stanche e stressate giova molto mettere nella vasca un'ambra o un quarzo affumicato, e se si hanno disturbi circolatori o le gambe affaticate, bisogna mettere una corniola.

Molto efficaci sono anche gli unguenti fatti con i cristalli. Si possono ottenere aggiungendo qualche goccia di elisir oppure immergendo direttamente in oli (indicati sono gli oli o creme a base neutra) i cristalli e lasciandoveli per qualche ora o per un giorno.

La sintonizzazione è un'armonizzazione che ci mette in grado, mediante la respirazione appropriata e profonda, la meditazione e a volte la visualizzazione, di raggiungere uno stato di completo rilassamento che dà la possibilità di percepire la verità che piano piano affiora dal nostro Sé superiore. Entrare in sintonia con un cristallo significa arrivare a capire la luce che è dentro di noi mediante ciò che è la rappresentazione materiale della luce, cioè il cristallo.

La sintonizzazione con il cristallo è entrare in comunione con lui e far risuonare le sue vibrazioni dentro di noi. È capire il linguaggio del cristallo e percepire il messaggio che mi sta trasmettendo la sua essenza specifica. Il contatto con il cristallo va oltre il contatto fisico e visivo e diventa, con la sintonizzazione, anche contatto «sottile». Significa, inoltre, percepire se esiste un punto nel nostro corpo in cui possiamo sentire meglio le vibrazioni che ci giungono. Per esempio, quando si avvicina un cristallo al proprio campo aurico, a volte lo si percepisce di più con il cuore, con il plesso solare o con la gola eccetera. Infatti le vibrazioni che si localizzano in un punto piuttosto che in un altro denotano una carenza o un eccesso di energia oppure denotano la sensibilizzazione maggiore di un punto del nostro corpo rispetto agli altri e di cui non ci eravamo accorti. Anche in questo caso il cristallo ci ha aiutato a comprenderci meglio!

E ora proviamo insieme a sintonizzarci. Distendetevi e respirate profondamente per molte volte e mettetevi nella posizione di Centratura nel cuore (le mani incrociate o parallele sul petto). Collocate un cristallo sul sesto chakra in corrispondenza del terzo occhio... abbandonatevi alle sensazioni che trasmette, ascoltate le vibrazioni del cristallo... Aprite l'animo e percepite ciò che arriva sotto qualsiasi forma: parole, immagini, simboli...

Con questo sistema vi renderete conto di quanto sia semplice percepire e di come sia facile entrare in sintonia con il vostro cristallo. Ma anche se nel fare ciò non riuscite ad avvertire nulla – forse molti negano la loro parte sensibile – c'è da dire che i cristalli comunicano in ogni caso con la vostra parte sottile e quindi, anche se sembra che non ci sia alcuna sintonizzazione, in realtà i cristalli hanno comunicato con il vostro inconscio.

Il contatto con un cristallo può avvenire anche programmandolo con una frase, un proponimento, un messaggio o un desiderio... Ciò che è importante è imprimervi un programma che abbia uno scopo benefico; in caso contrario, le energie negative infuse ci ritornerebbero indietro come un boomerang.

Un modo di programmazione è la cosiddetta «tecnica della lavagna».

Innanzitutto, mettiamoci in una posizione comoda e, dopo aver raggiunto il completo rilassamento, respiriamo profondamente... Lasciamo scorrere i pensieri trattenendo solo quelli inerenti a ciò che stiamo facendo o a ciò che vorremo chiedere... Teniamo il cristallo da programmare tra il pollice e l'indice e poniamolo sulla fronte all'altezza del terzo occhio... A questo punto dobbiamo cercare di «entrare» nel cristallo... stiamo visualizzando le pareti... e siamo proprio al centro del cristallo... Davanti a noi sulla parete del cristallo c'è una lavagna... scriviamo su questa una frase o una parola che ci siamo proposti... Ora ripassiamo su ogni lettera con una luce in modo da rafforzare il nostro proponimento... dopodiché ringraziamo l'energia del cristallo e usciamo da esso proprio nel punto in cui siamo entrati... Respiriamo profondamente e rientriamo nel corpo... riapriamo gli occhi... Ora il nostro cristallo è programmato e ci aiuterà.

Possiamo anche programmare un cristallo e poi donarlo alla persona alla quale è diretta il programma. Si può, ad esempio, programmare un quarzo rosa con pensieri d'amore e donarlo a una persona amata, oppure programmare come si desidera un quarzo citrino e donarlo a una persona per infondergli coraggio.

Capitolo 9

CHE COS'È LA CRISTALLOTERAPIA?

La terapia con i cristalli agisce sia sul corpo fisico che sui corpi sottili posizionandolo in modo appropriato nei diversi punti del corpo. Il cristallo agisce sciogliendo i blocchi energetici e armonizzando le energie sottili. Questo tipo di cura libererà traumi repressi e agirà non solo sul piano fisico ma, facendo aumentare la consapevolezza interiore, agirà sull'animo della persona aiutandola. Potranno riaffiorare traumi o avvenimenti che sembravano rimossi e che invece resistevano nell'interiorità. C'è comunque da dire che non sempre si verifica questo; dipende dalla persona e da come reagisce. È importante che la terapia sia comunque eseguita con molta ponderatezza e scrupolosità. Se dovessero affiorare immagini e sensazioni, fate respirare profondamente la persona e portatela a visualizzare la luce che la potrà aiutare a guarire. È possibile che alcune pietre non siano in sintonia con il paziente o, per meglio dire, è probabile che una persona non riesca a integrare o a tollerare nella propria aura le energie di alcune pietre, poiché si oppone e non vuole assecondare la terapia oppure la scelta non è appropriata e allora, in questo caso, è meglio toglierle. È molto importante essere in sintonia con il paziente, capirlo e aiutarlo, ma è anche importante entrare in sintonia con i cristalli che si dovranno applicare, in modo da creare un'unica energia. Molto spesso le persone, pur manifestando inclinazione per le terapie olistiche, le accettano solo mentalmente e poi, inconsciamente, rimangono chiusi, non riescono ad aprirsi e di tutto ciò non riescono ad accorgersi. Ma ognuno è libero di agire, di capire o di non capire, di aprirsi o di non aprirsi. L'importante tuttavia è capire che l'unica grande apertura è quella del cuore.

La terapia va eseguita scegliendo le pietre che si legheranno in base al colore e alle proprietà, e posizionandole sui punti energetici, sui punti vitali e sui plessi.

CRISTALLI UNIVERSALI

Esistono cristalli specifici per alcuni punti e che vanno collocati solo in corrispondenza di un centro energetico e cristalli che sono terapeuticamente universali e possono essere collocati in qualsiasi parte del corpo. Questi sono i cristalli di Rocca o quarzi ialini, che si diversificano in base alle forme.

I *Cristalli Maestri* sono cristalli molto trasparenti e a grossa concrezione. Hanno una certa imponenza e vengono chiamati «maestro», in quanto insegnano in tutti i sensi. Sono senz'altro compagni e amici preziosi e tenendoli sul comodino registrano sogni ed esperienze extra-corporee notturne; possono anche venire usati per la meditazione traendone insegnamento e significato. Aiutano l'individuo nell'evoluzione.

I *Cristalli Generatori* sono dotati di sei facce che convergono ad angolo terminante con un apice. Sono dei concentrati di energia che donano alle persone che entrano nel loro campo vibrazionale. Questi cristalli possono convogliare il flusso di energia da un chakra a un altro. La loro dimensione va da un centimetro a un metro.

I *Cristalli a doppia terminazione* hanno sei facce che in entrambi i lati mostrano la terminazione ad apice. La loro importanza deriva dal fatto che hanno la capacità di attirare e di emanare energia da entrambe le estremità. Si adoperano per convogliare energia da un chakra a un altro o per sciogliere alcuni punti in cui si verificano blocchi energetici. Facilmente si possono collocare sul terzo occhio o sul chakra della corona per dilatare la consapevolezza ed equilibrare lo stato mentale e lo stato intuitivo.

I *Cristalli Arcobaleno* sono quelli che presentano all'interno i colori dell'arcobaleno. Possono essere usati nella meditazione e hanno il compito di insegnarci a usufruire dei diversi piani di luce che si manifestano anche dentro di noi. Questi cristalli sono molto efficacemente usati nella terapia degli stati di angoscia, di depressione e di malinconia. Collocandoli sul chakra del cuore aiuteranno a sciogliere sentimenti negativi, tristezze e malinconie.

I *Cristalli Channelling* si presentano lunghi e molto sottili. Hanno un rapporto di tre e sette, cioè una faccia larga è a sei lati, mentre quella opposta è un triangolo perfetto. Sulla faccia del triangolo di solito ci sono degli altri piccoli cristalli proiettati in direzione opposta. Vengono usati per le meditazioni individuali o di gruppo. Il sette è il numero mistico, mentre il tre è il numero della parola. Questi cristalli permettono alle verità più elevate di penetrare dentro di noi e ci danno la capacità di poterle esprimere. Sono utili anche per aiutare i tessuti a cicatrizzarsi e per fermare le emorragie.

I *Cristalli Trasmettitori* hanno anch'essi, come i *Channelling*, il rapporto sette/tre, ma al centro presentano un triangolo perfetto con due facce esagonali simmetriche ai lati. Questo triangolo centrale rappresenta il punto di collegamento, il ponte tra l'identificazione personale e quella universale, l'unità. I *Cristalli Trasmettitori* prendono il nome della capacità che hanno di trasmettere alla mente universale i nostri pensieri.

I *Cristalli Finestra* sono riconoscibili perché all'interno delle sei facce hanno un rombo. Questa parte interna ci invita alla riflessione, ci può aiutare a capire alcune cose della nostra vita, a ritrovare noi stessi e cose o circostanze che non ricordavamo.

I *Cristalli Fantasma* sono cristalli abbastanza rari che presentano all'interno piccole strutture. Guardandole e poi chiudendo gli occhi possono riaffiorare le memorie della nostra anima.

I *Cristalli Elestiali* sono conosciuti come «quarzo scheletrico». Sono stati convogliati sul nostro pianeta per purificare, guarire e risvegliare le masse. Hanno una configurazione diversa dagli altri quarzi, perché presentano terminazioni naturali sopra il corpo del cristallo e hanno anche incisioni e stratificazioni. Questi cristalli sono molto potenti e vanno usati con molta attenzione. Il processo di purificazione, compiuto mediante il loro uso, può portare a volte a sbloccare alcuni stati mentali o emotivi a cui non si riesce a far fronte. Essi ci portano a vedere la realtà nuda e cruda che è in noi stessi e levano gli orpelli sotto i quali nascondiamo la nostra personalità.

I *Cristalli a grappolo* sono formati da una serie di cristalli con una larga base. Servono per purificare gli ambienti, poiché energeticamente risultano molto forti. Come abbiamo visto precedentemente, essi purificano e ricaricano gli altri cristalli.

CRISTALLI E CHAKRA

Come abbiamo visto nel capitolo riguardante i chakra (vedi la Prima Parte), a ogni centro energetico corrisponde un colore. Similmente esiste una corrispondenza fra i cristalli e i medesimi centri.

Diamo qui di seguito l'elenco dei chakra associati ai colori e ai cristalli con i disturbi fisici e psichici che questi ultimi curano.

Primo chakra. I colori relativi sono il rosso e il nero.

Come abbiamo precedentemente visto, il chakra della radice è quello che riguarda la parte fisica, materiale del nostro corpo ed ha a che fare con i problemi delle ossa, delle parti terminali del nostro corpo che prendono energia dalla terra, perciò i piedi, le gambe, le ginocchia; è anche legato alla circolazione sanguigna nei casi di anemia e cattiva circolazione. Anche i problemi legati alla gravidanza e alla maternità riguardano questo chakra. Come abbiamo visto nella prima parte, il filo conduttore è il concetto di sopravvivenza con tutto ciò che gli è inerente: la possibilità di donare la vita e la conservazione di essa.

Le pietre da usare saranno rosse per i disturbi legati alla sfera circolatoria e alla sfera ginecologica: rubino grezzo, corindone, granato, corallo, diaspro rosso, realgar, rodonite.

Le pietre nere sono adatte per tutti gli altri tipi di problemi soprattutto legati alle articolazioni: ematite, quarzo fumè, ossidiana, onice nero, tormalina nera.

Benefici che si ottengono: migliore ancoraggio delle forze spirituali al corpo fisico, capacità di portare l'armonia e l'amore anche sul piano fisico.

Secondo chakra. Il colore è l'arancione, che esprime l'energia, la gioia, il calore. Questo punto corrisponde alla parte genitale dell'individuo e anche all'apparato urinario, cioè alla parte in cui ha sede la nostra forza sessuale, istintiva, a volte bloccata. Le pietre che si adopereranno sono di colore arancione e marrone: corniola, quarzo citrino, ambra, aragonite, wulfenite.

Benefici che si ottengono: superamento della collera, elevamento dell'anima e utilizzazione delle forze creative.

Terzo chakra. Il colore è il giallo.

Fisicamente influenza il pancreas, il fegato e la milza. È legato ai disturbi dovuti alla cattiva assimilazione dei cibi: diabete, cirrosi, epatite... È il punto chiave del nostro organismo ed è legato al simbolo del potere, all'azione. Psichicamente è connesso alla nostra parte emozionale. Quando la forte emotività causa degli squilibri interiori, si può soffrire di ansia o depressione.

Le pietre gialle sono: topazio, apatite, zolfo, occhio di tigre, quarzo citrino.

Benefici che si ottengono: giusta assimilazione delle esperienze che provengono dal mondo esterno. Agire positivo.

Quarto chakra. Il colore è il verde/rosa.

È il punto centrale di tutti i chakra. È connesso fisicamente al cuore, alla circolazione sanguigna, ai polmoni, alle braccia. È il punto energetico in cui l'individuo dà prova di se stesso sul piano dell'amore, dell'equilibrio, dell'altruismo e soprattutto sul piano dell'accettazione.

Il verde è il colore della natura, ma anche dell'equilibrio e dell'armonia. Le pietre verdi curano soprattutto i problemi relazionali dell'individuo, intesi come difficoltà a rapportarsi con gli altri non solo affettivamente, ma anche sul piano dell'amicizia. Curano anche i problemi respiratori. Sono: smeraldo, tormalina verde, avventurina, crisoprasio, agata muschiata, malachite.

Le pietre rosa curano soprattutto i problemi legati all'amore – delusioni, sofferenze, solitudine – e i disturbi cardiocircolatori. Sono: quarzo rosa, rodocrosite, tormalina rosa, rodonite, amazzonite.

Benefici che si ottengono: liberazione da traumi repressi, apertura e amore verso gli altri.

Quinto chakra. Il colore è l'azzurro.

Fisicamente corrisponde alla gola, alla faringe, alla laringe, ai denti, alle orecchie, al collo. È il punto energetico connesso ai problemi di comunicazione e, quindi, della parola. È anche il centro della creatività, che è una delle più alte manifestazioni umane. Avere un nodo in gola significa non riuscire a parlare, a proiettare se stessi all'esterno. Coloro che hanno difficoltà a esprimersi, a parlare, che manifestano balbuzie e timidezza, hanno la necessità di sbloccare questo punto. Il blu è il colore del cielo, dell'infinito, della spiritualità; è il colore che induce alla riflessione.

Le pietre blu sono: zaffiro, lapislazzuli, topazio blu, sodalite, turchese, azzurrite, crisocolla, acquamarina, calcedonio azzurro, agata blu, gemma silicea.

Benefici che si ottengono: facilità di comunicazione e di espressione di se stessi, immaginazione creativa.

Sesto chakra. Il colore è indaco/viola.

Fisicamente corrisponde alla vista e al cervello. È il punto energetico in cui è situato il terzo occhio, che ci consente la visione spirituale. Il blocco di questo centro porta a un razionalismo estremo e a negare la propria parte intuitiva. L'indaco è il colore dell'energia cosmica, delle forze spirituali e del misticismo. Le pietre indaco e viola sono: fluorite, sodalite, ametista, sugilite.

Benefici che si ottengono: capacità d'incanalare il subconscio, intuizione e percezione visiva.

Settimo chakra. Il colore è viola/bianco.

Fisicamente corrisponde alla corteccia cerebrale e al sistema nervoso centrale. Il blocco di questo punto energetico porta all'apatia, alla depressione, alle malattie nervose. È come smarrire la strada e sentirsi abbandonati perché si chiude la porta superiore che è il chakra della Corona, il quale ci pone in comunicazione con le forze spirituali superiori.

Il viola è il colore dell'idealismo, della trascendenza, dell'elevata espressione e della trasformazione. Le pietre sono: fluorite e ametista.

Il bianco è la somma di tutti i colori ed è la più elevata e sottile rappresentazione della luce. Le pietre bianche sono: diamante, cristallo di rocca, zircone, zaffiro.

Benefici che si ottengono: sentirsi in unità con l'Infinito. Sentire l'unione che porta pace e saggezza.

BIBLIOGRAFIA

Brow P., *L'energia dei cristalli*, 1989.
Drago F., *Reiki, Terapia energetica della nuova era*, Xenia, Milano 1994.
– *Cristalli, Reiki e Supercoscienza*, Xenia, Milano 1995.
Bach E., *Guarire con i fiori*, Palermo 1981.
Mazzarella B. *Fiori di Bach per bambini*, Xenia, Milano 1995.
Mijnlieff M. M., *Manuale di floriterapia*, Xenia, Milano 1992.
– *Chakra*, Xenia, Milano 1993.
Raphaell K., *Cristalli*, Xenia, Milano 1990.
– *Manuale di cristalloterapia*, Xenia, Milano 1993.
Vital R., *Pietre di Luce*, Xenia, Milano 1995.
Santa Ildegarda, *Il libro delle pietre*, Torino 1992.
Turgeon M., *Riflessologia*, Xenia, Milano 1989.

Indirizzi utili

- Flavio Cidonio, Master Reiki, Cristalloterapeuta, Roma, tel. 06/2158306
- Enrica Pazi, Master Reiki, Cristalloterapeuta, Floriterapeuta, Astrologa, Roma, tel. 06/2158306
- Centro Aldebaran, Milano, V.le Monza, 40, tel. 02/26142318
- Stella de Tuglie, Otranto (Le) Via Porto Craulo, 9
- Claudio Brusadore, Torino, Via Domodossola, 30
- Giuseppe Gerardi, Curno (Bg) Via Abruzzi, 3
- Istituto delle Motivazioni, Torino, Via Pedrotti, 16
- Plinio Bellò, Venaria Reale (Torino) Via Motrassino, 8
- Rossella Corea, Cinisello Balsamo (Milano) Piazza Ferravilla, 1
- Gemma Besomi, Bedano TI (CH) Via Campo Sportivo
- Daniela Bianchin, Torino, Via Sommariva, 7

INDICE

Presentazione, di *Francesca Drago* p. 1
Premessa 2

Parte prima – LE AURE E I CHAKRA 3
Cap. 1 – I quattro tipi di aura 4

Parte seconda – I TRE LIVELLI DEL REIKI 17
Cap. 2 – Il Reiki 18
Cap. 3 – Il primo livello Reiki 25
Cap. 4 – Il secondo livello Reiki 54
Cap. 5 – Il livello del Master Reiki 76

Parte terza – I FIORI DI BACH 79
Cap. 6 – L'uso della floriterapia 80
Cap. 7 – I rimedi floreali 86

Parte quarta – I CRISTALLI 109
Cap. 8 – L'uso dei cristalli 110
Cap. 9 – Che cos'è la cristalloterapia? 118

Bibliografia e indirizzi 124

Finito di stampare
nel mese di ottobre 1996
per conto della Xenia Edizioni
dalla New AGEL s.r.l. di S. Vittore Olona (Mi)

Printed in Italy